KB214107

루이스씨,이어령입니다

루이스씨, 이어령입니다

초판 1쇄   2023년 2월 13일

펴 낸 이 _ 이태형
펴 낸 곳 _ 국민북스
마 케 팅 _ 김태현
디 자 인 _ 서재형

등록번호 _ 제406~2015~000064호
등록일자 _ 2015년 4월 30일

주   소 _ 경기도 파주시 와석순환로 307, 1106~601 우편번호 10892
전   화 _ 031~943~0701
팩   스 _ 031~942~0701
이 메 일 _ kirok21@naver.com
ISBN 979-11-88125-47-0

루이스씨,
이어령입니다

이태형 지음

국민북스

'루이스씨, 이어령입니다'란 제목의 책을 펴내게 된 이유는 대강 이러하다. 기록문화연구소는 3년 전쯤 동명의 유튜브 채널에서 이어령 전 문화부 장관과의 인터뷰를 '생전의 이어령 박사가 인생에서 가장 후회했던 한 가지'란 제목으로 내보냈다. 처음엔 몇백 명 정도만 보다가 수개월이 지난 후에 갑자기 조회 수가 폭발적으로 늘기 시작했다. 2010년에 이 박사를 만나 직접 인터뷰했던 내용을 10년 만에 다시 편집해 올린 것이었다. '유튜브가 잊힐 뻔했던 것들을 다시 되살릴 수 있구나'라는 생각을 했다. 지금 이 영상은 42만 명 넘는 사람들이 보았다.

'우리 시대 최고의 기독 변증가'라는 소리를 듣는 C.S. 루이스의 글에서 마음에 와닿았던 내용을 정리해 유튜브에 올렸다. 수천 명에서 수십만 명이 기록문화연구소가 만든 루이스의 영상들을 보았다. 이미 수많은 이들이 루이스의 책들을 읽었기에 전혀 새로울 것 없는 내용일 수 있는데도 반응이 놀라웠다. 오래 전, 루이스의 '순전한 기독교' '스크루테이프의 편지' 등을 읽으며 밑줄 그었던 내용에 적절한 제목을 달아 올린 것이었다.

'이어령과 루이스'는 이 땅을 떠났지만 기록문화연구소 유튜브 내에 살아 있다. 물론 다른 곳에서도 두 분의 이야기는 넘치게 들을 수 있지만 기록문화연구소에게도 두 분은 각별한 분들이었다. 문득 이 박사의 1주기인 2023년 2월 26일을 앞두고 두 사람을 연결하는 글을 정리해 보고 싶었다. 두 사람을 만나게 하는 것 자체가 새롭고 의미 있는 시도라 여겨졌다.

무엇보다 '우리 시대의 지성'으로 칭함을 받았던 이어령 박사를 루이스처럼 '우리 시대의 기독 변증가'로 자리매김하기 원했다. 그가 쓴 '지성에서 영성으로', '빵만으로는 살 수 없다'(열림원) 등은 C.S. 루이스의 '순전한 기독교', '스크루테이프의 편지'(홍성사) 등과 같이 시대를 뛰어넘는 고전이 될 수 있는 소중한 작품으로 더 많은 분이 읽으면 좋겠다고 생각했다.

더불어 루이스의 글들을 아직 읽지 않은 우리 시대 사람들, 다음 세대들이 그의 위대한 작품들을 접하기 바랬다. 그럴만한 충분한 가치가 있는 글들이다. 혹시라도 본서의 내용에 흥미를 조금이라도 느낀 분들은 두 분의 저서들을 본격적으로 읽기를 권한다. 이들의 글을 통해 주 예수 그리스도를 구주로 받아들이는 분들이 넘치리라 믿는다. 더불어 이 박사의 딸인 고 이민아 목사에 대해서도 사람들이 기억하기 원했다. 믿음의 측면에서 이 목사는 꼭 기억되어야 할 분이라고 생각했기 때문이다.

이 책은 이어령 박사와 루이스의 글들을 기초로 정리한 것임을 밝힌다. 서로 만났을 때, 공통적인 질문에 대해 어떻게 이야기할지를 상상하며 정리했다. 이 박사의 부분은 그의 글 외에도

내가 공식적으로 인터뷰하거나 직접 들었던 내용도 많다. 두 분의 이름을 빌려 독자들에게 하고 싶은 이야기를 대신 한 부분도 있다.

지금 우리에게 독일의 신학자였던 디트리히 본회퍼 목사의 말씀이 꼭 필요하다 싶어 두 분의 대화 가운데 조금 길게 넣었다. '하나님의 모략'을 쓴 댈러스 윌라드, '중력과 은총'의 저자 시몬 베유, '라브리 공동체'의 창시자 프란시스 쉐퍼, 랍비 아브라함 요수아 헤셸 등 기독 지성들의 이야기도 간간이 들어 있다.

이 책을 읽고 주 예수 그리스도께 인생을 바치는 한 명의 독자라도 나온다면 더 바랄 나위가 없다. 그것이 이 박사와 루이스의 소망이라고 믿는다.

2023년 2월

이태형 기록문화연구소장

책을 내면서

이어령과 C.S. 루이스, 기독 변증가

이어령 전 문화부 장관(이하 이어령)과 C.S. 루이스의 살아온 시절은 다르다. 루이스는 1898년에 태어나 1963년에 떠났다. 이어령은 1934년에 나서 2022년 죽었다. 다른 시대, 다른 나라에서 살았지만 적어도 29년간은 이 지상에서 함께 숨을 쉬었다.

먼저 이어령을 생각해본다. 2022년 2월 26일 '우리 시대 최고의 지성'이라 불린 이어령이 이 땅을 떠났을 때, 빈소가 마련된 서울 혜화동 서울대병원 장례식장을 찾았다. 망자 외엔 특별히 아는 분이 없었기에 마음으로만 조문하고 직접 빈소를 찾을까, 말까 망설이다 영정 속 그분의 마지막 모습이라도 보고 싶어 문상을 갔다.

서울대병원 장례식장에 들어서면서 10년 전인 2012년 3월 15일이 생각났다. 그날은 이어령의 외동딸인 이민아 목사가 이 땅을 떠난 날이었다. 고 이민아 목사 빈소도 서울대병원 장례식장에 마련되어 있었다. 10년의 세월을 두고 아버지와 딸의 빈소가 서울대병원 장례식장에 마련됐다.

　빈소를 찾아 문상을 했다. 영정 속의 이 박사는 잔잔하게 웃고 있었다. 날카로운 비평을 하는 예리한 모습이 아니라 평안하고 넉넉한 모습이었다. 10년 전 영정 사진 속의 고 이민아 목사도 우아한 미소로 문상객들을 맞고 있었다. 두 영정 사진 속의 아버지와 딸의 모습이 오버랩됐다.

　영정 앞에서 머리를 숙이고 예를 갖추는 짧은 시간에 여러 생각들, 나름의 여러 추억들이 지나갔다. 아주 오래 만난 것은 아니지만 중요한 시간에 자주 만나 이야기를 나눌 수 있었다. 2007년 그가 세례를 받았던 일본 도쿄의 프린스파크호텔에도 함께 있었다. 그때 그는 이렇게 말했다.

　"솔직히 세례를 받았다는 것은 대학 합격통지서를 받은 것과 같아. 세례를 받았다고 내가 독실한 신자가 된다고 장담할 수는 없는 것이지. 하나님이 계시는지는 확실하지 않지만 악마가 있다는 것은 확실해. 내가 세례를 받으려니까 여기저기 핍박이 많아." 그날 이후로 그는 하나님을 추구하고 영원한 본향을 향한

이어령과 C.S. 루이스, 기독 변증가

여정을 본격적으로 시작했다.

영정 사진 속 그를 보며 물어보고 싶은 것이 있었다. 꼭 물어보고 싶었다.

"박사님은 이제 지성의 세계를 넘어 영성의 세계로 완전히 들어가셨나요?"

이 땅에 사는 동안 지성에서 영성으로 들어가셨는지가 정말 궁금했다. 개인적 신앙 순례기라고 할 수 있는 책 '지성에서 영성으로'의 서문에서 그는 자신이 아직도 지성과 영성의 문지방 위에 서 있다고 했다. 그러면서 "이 글을 읽는 분들의 도움이 있으면 나는 그 문지방을 넘어 영성의 빛을 향해 더 높은 곳으로 갈 것입니다"라고 덧붙였다. '지성에서 영성으로'의 글들을 아직 주님을 영접하지 못하고 그 문 앞에서 서성거리는 사람들을 위해 바치고자 한다고도 했다.

'지성에서 영성으로'가 2010년에 출간됐으니 이 땅을 떠나기까지 12년의 세월 동안 그는 분명 깊고 넓은 영적 여정을 걸었을 것이다. 어쩌면 일반인의 상상을 뛰어넘어 하나님과 깊은 영적 합일의 단계에 도달했을 수도 있다.

'지성에서 영성으로의 문지방'이란 말에서 '문지방'이란 단어를 생각해보았다. 문지방은 그냥 쉽게 넘어갈 수 있는 것으로 여겨지지만 영적 측면에서는 가장 격렬한 내적, 외적 투쟁이 벌어지는 곳일 수 있다. 수많은 사람들이 문지방 앞의 전투에서 실패함으로써 그 한 발짝을 넘어 새로운 세계로 들어가지 못하고 이땅을 떠나는 것이 현실이다. 독일의 영성가 마이스터 에크하르트가 말한 '돌파', 즉 '브레이크스루'(Breakthrough)가 그 문지방을 통과했을 때, 이뤄지기 마련이다. 그러니 문지방에서 가장 치열한 영적 전투가 벌어지는 것이다.

문지방을 넘기란 쉽지 않지만 반드시 그 문지방을 넘어야 새로운 세계가 펼쳐지며 새로운 생명, 즉 뉴 라이프(New Life)가 탄생된다. 영정 속 이어령에게 "박사님, 정말 그 문지방을 넘어가셨나요?"라고 여쭤보았다. 한 개인의 영적 여정은 누구도 판단할 수 없고, 함부로 말할 수 없다. 오직 그분만이 알 것이다.

생전의 이어령이 정말 원했던 것 한 가지가 있었다. 그와 만나 이야기한 수많은 분들, 인터뷰한 여러 언론인들이 있었다. 그는 언제나 그 인터뷰어들에게 주옥같은 말들, 우리가 평생 간직해야 할 귀한 교훈의 메시지를 던졌다.

그가 던진 말들을 통해 그가 가장 소망했던 것이 무엇인지를 파악할 수 있을 것이다. 지극히 주관적이지만 나는 이어령과 이야기를 나누며 지성에서 영성으로 들어가기를 그렇게 소망했던 그가 영적인 측면에서 정말 원했던 것 한 가지가 무엇인지를 알 수 있을 것 같았다.

이어령과 C.S. 루이스, 기독 변증가

그 한 가지는 무엇인가? 그것은 '하나님의 음성'을 한 번이라도 직접 듣는 것이었다. 그는 내게 딸 이민아 목사 이야기를 하면서 이렇게 말했다.

"민아의 신앙은 너무 광신적인 것 같기도 해요. 스스로 하나님의 음성대로 살아가고 있다면서 나도 꼭 하나님의 음성을 들어야 한다고 말했어요. 그것이 정말 중요한 것이라고요. 그런 딸이 걱정되기도 했지만 사실 나도 하나님의 음성을 직접 듣고 싶어요. 정말 한 번이라도 하나님이 '어령아, 어령아, 어령아'라고 불러주시면 나는 그동안 내가 쌓아왔던 모든 것을 버릴 수 있을 것 같아요. 그게 안 들려 아직도 세상 것들을 붙들고 아등바등 살고 있는 것이지요. 정말 하나님의 음성을 생생하게 듣고 싶어요."

물론 이어령 박사가 하나님의 음성을 듣기 간절히 원했다고 하면 "에이, 그런 말 마세요. 그건 지성의 상징인 이 박사 스타일이 아니에요"라고 말할 분들도 많을 것이다. 그러나 나는 이 어령의 그런 소망이야말로 그가 최고로 꿈꿨던 것이라고 감히 확신한다. 그는 지성이라는 이 땅의 중력을 뛰어넘어 영성의 세계로 들어가길 간절히 원했으니까.

그와의 인터뷰에서 성공에 대해 물은 적이 있었다. 그는 이렇게 대답했다.

"진짜 성공은 영원히 성공할 수 없는 목표를 향해 끝없이 가는 것입니다. 그 길을 가는 사람이 성공자이며 행복한 사람입니다. 내가 추구하는 성공은 '새로운 성공'입니다. 꿈도 꿔보지 못한 것을 이루는 것이 새로운 성공입니다. 그 새로운 성공은 사람들로 하여금 뉴 라이프로 들어가게 하는 것입니다."

이어령이 꿈꿨던 새로운 성공, 평범한 사람들이 꿈도 꿔보지 못한 그 성공은 뉴 라이프에 들어가는 것이었다. 그것은 유한한 이 땅에서는 결코 이뤄지기 힘든 것이다. 뉴 라이프에 들어가기 위해서는 이전의 삶, 즉 올드 라이프가 죽어야 하기 때문이다. 죽고, 다시 태어나야 한다.

그 자아의 죽음은 생명의 주관자인 하나님과의 만남, 그리고 그분의 음성을 듣기 전까지는 결코 실현되기 힘들다. 자아의 죽음을 통해 문지방을 넘어설 때, 뉴 라이프를 살 수 있을 것이다. 그런 면에서 이어령이 하나님의 음성을 듣기 원했다고 해서 그의 지성적 성취가 평가절하되는 것은 절대 아닐 것으로 생각한다.

이어령은 말 그대로 '우리 시대 최고의 지성'으로 지난 세월 동안 우리들에게 많은 좋은 것들을 주었다. 그와 동시대를 함께 살 수 있어 우리 모두 행복했다. 이어령과의 대화 가운데 개인적으로 가장 울림이 컸던 것은 다음과 같은 말이다.

"삶은 우연에서 새로운 필연을 만들어 내는 과정입니다. 인생의 불행마저 행복으로 역전시키는데 삶의 묘미가 있습니다."

이제, 이어령은 이 땅에 없다. 그러나 그의 말과 글은 기록이 되어 여전히 남아 우리와 대화하고 있다.

C.S. 루이스의 앞에는 늘 '우리 시대 최고의 기독 변증가'란 말이 붙는다. 이어령 앞에 '우리 시대의 지성'이라는 수식어가 붙는 것과 같다. 변증이란 무엇인가? '소명'의 저자인 오스 기니스에 따르면 변증은 '무언가의 매력을 설득하는 모든 활동'이다.

기독교 변증은 기독교의 매력을 설득하는 일이다. 이 '매력'이란 단어는 정말 매력이 있다. 한국교회는 매력 있는 모임이었다. 영적 차원뿐 아니라, 세상적인 측면에서도 개화기에서부터 70, 80년대까지 한국교회에는 세상을 능가하는 매력 포인트들이 많았다. 교회는 문화를 리드했고, 정의를 수호했다.

그러다 어느 순간부터 교회의 매력은 점차 사라지고 말았다. 요즘 시대엔 교회가 매력 있다고 말하는 이들을 쉽게 찾을 수 없다. 교회가 오히려 세상의 매력 포인트들을 차용하는 시대다.

그럼에도 기독교는 세상과는 전혀 다른 차원의 매력을 지닌 종교다. 그것은 영원과 영혼, 생명을 다루기 때문이다. 이런 것들은 다른 어떤 가치들보다 더 소중하다. 그래서 수많은 사람들이 이웃을 교회에 초대하고 기독교를 전파하는데 진력했다.

이웃을 주님께로 인도하기 위해서는 그들의 삶의 논리를 뛰어넘는 차원으로 기독교를 소개하는 변증이 필요하다. 저명한 기독교 복음주의 신학자인 알리스터 맥그래스는 "전도는 그리스도인이 되라는 초대이며, 변증은 이 초대의 기반을 다지는 일"이라고 말했다.

앞서 말한 대로 C.S. 루이스는 금세기 최고의 기독교 변증가다. 그는 생전에는 강연과 집필로, 사후에는 남겨진 책으로 수많은 사람들로 하여금 예수 그리스도를 믿을 결심을 하게 만들었다. '순전한 기독교' '스크루테이프의 편지' '영광의 무게' '헤아려본 슬픔' 등 그의 책들은 갈수록 더욱 위력을 발휘하는 듯하다.

순전한 기독교를 읽고 믿음의 길로 들어선 사람들이 부지기수다. 지구촌교회 원로 이동원 목사는 "순전한 기독교를 읽고 나면 '예수는 반드시 믿어야 하는구나'라는 생각을 할 수밖에 없게 된다"고 말했었다.

물론 일반인들에게 가장 널리 알려진 '나니아 연대기'를 뺄 수 없다. 그가 쓴 총 7편의 판타지 소설 시리즈인 나니아 연대기는 영화로도 만들어져 대 히트를 한 판타지 소설의 바이블과 같다. 상상력이 출중한 탁월한 작가가 하나님을 만났을 때, 어느 목회자나 설교자들도 하기 힘든 위대한 일들을 할 수 있음을 그는 보여줬다.

루이스는 믿음의 문제를 단순 구도로 도식화하지 않는다. 확신 있게 선포만 하고, 그 선포에 대한 증명은 하지 않는 식으로는 말과 글을 전개하지 않았다. 그 역시 믿음의 길에 들어서기 전에는 많은 의문을 지녔었고, 그 의문에 대한 답을 구하기 위해 진력했다.

그저 운명처럼 믿음을 받아들인 사람들은 행복한 자들일 것이다. 그런 '믿음의 사람'들도 적지 않다. 그러나 모든 사람들이 그렇지는 않다. 오히려 대다수 사람들은 질문하고, 의문을 품고, 회의하기를 반복하며 믿음의 길로 들어서든지, 아니면 비신자로 남든지, 그도 아니면 반기독교인이 되든지 한다.

신자와 비신자 사이에는 커다란 간극이 있다. 비신자들이 믿음을 받아들이고 그 길을 걷기 위해서는 다리를 건너고, 장벽을 넘어야 한다. 변증은 다리를 건너고, 장벽을 넘는데 도움을 준다. 그래서 변증가는 '다리를 놓는 사람'이라고 할 수 있다.

무조건 "너는 반드시 이 다리를 건너 우리에게로 와야 해"라고 말하지 않는다. 다리를 놓는 것을 넘어 그 다리를 건너와야 하는 이유를 알려준다. 금세기에 루이스만큼 이 작업을 훌륭하게 한 사람도 드물다. 걸출한 변증가들은 많았지만, 루이스만큼은 아니었다. 그를 통해 영성의 길로 들어선 사람들은 아마 헤아리기 어려울 것이다.

이어령은 지성에서 영성으로의 다리를 건너고 싶어 했다. 그래서 그의 첫 기독교 책 이름을 '지성에서 영성으로'로 명했다. 첫 책이 나왔을 즈음에 그는 솔직히 고백했다. "아직 저는 지성의 세계에 머물고 있습니다. 지성의 세계도 의미롭지만 영성의 세계에 비하겠습니까? 언젠가는 영성의 세계로 들어갈 것을 소망합니다. 누군가가 도와주시기 바랍니다."

그에게 C.S. 루이스의 글을 읽어보도록 권한 적이 있다. 다독가인 그는 성경은 물론 루이스의 책들도 읽었다. 루이스의 책들, 특히 '순전한 기독교'와 '스크루테이프의 편지'에 대해서는 누구도 쉽게 쓸 수 없는 탁월한 책이라고 극찬했다. 본인은 지성의 세계로 가기 위해 여전히 끙끙거리고 있다 했지만, 이어령 역시 책과 강연을 통해서 루이스처럼 사람들을 새로운 세계로 들어오게 했다. 직접 경험한 한 가지 사례를 전한다.

'지성에서 영성으로'가 출간되어 베스트셀러가 된 몇 달 후에 강원도 홍천 11사단 최 모 소령으로부터 내게 전화가 왔다. 그는 이어령 박사를 사단에 초청하고 싶다면서 자신이 몇 달 전에 크리스천이 되었다고 했다. 최 소령은 그동안 수 없는 세월 동안 종교를 가지려 노력했지만 결국 뜻을 이루지 못했다. 기독교는 물론, 불교와 이슬람교 등 현존하는 종교에서 자신이 추구하는

이어령과 C.S. 루이스, 기독 변증가

구원을 찾지 못했다.

그러던 가운데 이어령의 '지성에서 영성으로'를 읽었다. 책을 읽고 나서 최 소령은 '예수 그리스도는 반드시 믿어야 하는구나'라는 생각을 하게 됐다. 그는 크리스천이 되었다. 책 한 권이 그의 인생에 결정적 전기를 가져다준 것이다.

신자가 된 이후에 최 소령은 사단 내 전우들에게도 예수 그리스도를 소개하고 싶었다. 직접 전할 수도 있지만 아직 자신이 없었다. 이 박사라면 신자와 비신자의 갈림길에서 머뭇거리고 있는 장병들을 예수께 인도할 수 있을 것 같았다.

전화로 그의 이야기를 들으면서 잔잔한 감동을 느꼈다. '아니, 한 사람으로 하여금 진정한 구원의 도리를 발견하게 하는 것이야말로 우주가 떨 엄청난 사건이 아닌가.'

앞서 언급한 대로 이동원 목사는 "순전한 기독교를 읽고 나면 '예수는 반드시 믿어야 하는구나'라는 생각을 할 수밖에 없게 된다"고 말했다. 최 소령은 '지성에서 영성으로'를 읽으며 동일한 생각을 했고, 인생의 결단을 했다.

좋은 책은 사람들을 결심하게 만든다. 그런 면에서 루이스의 '순전한 기독교'와 이어령의 '지성에서 영성으로'는 좋은 책이다. 좋은 것은 살리는 것이다. 루이스와 이어령은 책으로 사람들을 살렸다.

이어령은 책을 낸 이후에 본인의 의도와는 상관없이 C.S. 루이스와 같이 기독교 변증가로서의 역할을 했다. 그의 회심기라고 할 수 있는 '지성에서 영성으로'는 루이스의 '순전한 기독교'에 비견되는 변증서라고 할 수 있다. 당시 77세의 노인이, 세례받은 지 얼마 되지 않은 초심자가 사람들을 예수께로 연결하는 통로로 사용된 것이다. 이어령이 대단한 존재이기는 하지만 창조적 사고나 문명 비평서가 아닌 종교적 순례기가 엄청나게 팔리며 화제를 모았던 것은 분명 특이한 현상으로 하나님의 섭리가 아닐 수 없었다.

주위를 돌아보면 신앙적 경계인들이 많다. 지성과 영성의 문지방, 확신과 의심의 문지방 사이에서 서성거리는 사람들이 적지 않다. 아니 오히려 확신에 거한 종교인과 비종교인보다는 회색지대에 머물고 있는 사람들이 더 많을지도 모른다. 앞으로도 '만들어진 신'과 '살아 있는 신' 사이에서 헷갈려 하는 사람들은 더욱 늘어날 것이다.

이런 시대일수록 변증이 필요하다. 의심하는 사람들에게 '믿음의 도약'을 일으키게 하는 작업은 너무나 중요하다. 회의론자들의 신념을 들어주고, 그 신념을 대체할 믿음을 '교양 있게' 전해주는 것이야말로 이 시대의 중요한 선교적 작업이라 믿는다.

이어령과 C.S. 루이스, 기독 변증가

그래서 두 사람은 이 땅을 떠났지만, 서로 만나 믿음에 대한 이야기를 나누게 하고 싶었다. 가상 대담의 형식을 취하기로 한 것이다. 상상은 자유. 기록문화연구소 헤이리 사무실에서 이어령과 루이스가 만나는 장면을 상상해보았다. 이어령은 이렇게 인사했을 것이다.

　　"루이스씨, 이어령입니다."

1부

—

문지방과 현관 마루

문지방과 현관 마루

나 오늘은 정말 의미로운 날이네요. '금세기 최고의 기독교 변증가'로 불리는 루이스 선생님과 한국에서 '우리 시대 최고의 지성'이라고 칭함 받은 이어령 선생님이 처음 만난 날이잖아요. 정말 기대가 됩니다. 두 분은 모두 변증가라 할 수 있습니다. 이 선생님은 동의하지 않으실 수 있지만, 사람들의 평가라는 것이 있잖아요.

그래서 오늘 만남의 성격은 영국과 한국의 기독 변증가들의 회동이라고 할 수 있습니다. '불꽃 튀는 변증 배틀'을 한다기보다는 잔잔하게 인생과 믿음, 고통과 상실, 회복, 기독교와 교회 등에 대한 여러 견해를 나누는 시간이 되었으면 좋겠습니다. 아, 두 분 모두 상상력을 발휘해 이야기를 만드는 최고의 달인들이시고, 탁월한 작가들이시니 이야기와 글쓰기에 대해서도 듣고 싶네요.

이어령 제가 기독교 변증가라는 말은 쉽게 받아들이기는 어렵지만 루이스 선생님을 오늘 뵙는 것은 정말 가슴 뛰는 일입니다. 1988년 서울 올림픽 개막식 당시 '굴렁쇠 소년'이 잠실 스타디움에서 굴렁쇠를 굴리며 걸어가는 모습을 보는 것만큼 설렙니다.

사전에 저에 대한 간단한 정보가 전달되었겠지만 저는 인생 후반기라고 할 수 있는 75세에 세례를 받은 사람입니다. 세례를 받았다는 것이 믿음을 담보하지는 않지만 저로서는 나름 깊은 고뇌 가운데 결단을 한 것입니다. 일종의 '더 이상 이대로는 살 수 없다'라는 단호한 결심이랄까요.

영성의 세계로 들어가는 것은 저의 오랜 소원이었지요. 저뿐 아니라 아마 이 땅을 사는 모든 사람들의 소망일 것입니다. 우리 모두에게는 근원적으로 영원을, 그리고 영성을 향한 노스탤지어가 있거든요.

나 1988년 서울올림픽은 지금으로부터 35년 전의 일인데요, 굴렁쇠 소년의 모습이 아직도 눈에 선합니다.

이어령 네. 세월이 유수와 같습니다. 영성의 세계로 들어가려는 소망이 있었지만 저는 오랜 세월 동안 그 세계에 들어가지 못했습니다. 지성의 세계에서 많은 세월을 보냈지요.

어느 날, 문득 '아, 내가 어떻게 지난 80년 가까운 세월을 지낼 수 있었지?'라는 생각을 했습니다. 제 인생의 카운트다운은 계속되고 있었습니다. 시간이 많지 않다는 생각이 가슴을 치는 순간, 더 미룰 수 없었습니다. 지성에서 영성으로 들어가고 싶었지요. 그러나 그것은 소원만 갖는다고 이룰 수는 없는 일입니다.

물론 소원, 즉 사모함은 중요합니다. '사모함이 재산'이라는 생각을 늘 했습니다. 사모함, 갈망을 통해서 인간은 다른 세상으로 들어갈 수 있으니까요. 저와 오랜 세월을 함께 한 소설가 김승옥('무진기행' 작가)씨가 하나님을 믿게 된 이후에 이렇게 고백했어요.

"내가 목숨 바쳐 가야 할 길이 무엇인지 알고 나니까 마음이 그렇게 편안해질 수가 없었다. 목표가 있는 자는 준비를 하게 되고 따라서 부지런해진다."

'목숨 바쳐 가야 할 길'을 아는 자는 정말 행복한 사람 아닙니까? 저도 지성과 지상에서의 목표가 아니라 영성과 영원의 차원에서 목숨 바쳐 가야 할 길을 찾아야 했습니다.

나 소설가 김승옥 선생님은 '한국 문학사의 불멸의 천재'라고 불린 분이시죠. 완고한 무신론자로 젊은 시절을 보낸 그는 1981년 한 교회의 금요철야집회에서 하나님의 손을 직접 보는 환상체험을 한 이후에 회심했습니다. 회심 이후 알코올 중독에 가깝도록 마시던 술과 하루 세 갑씩 피우던 담배를 모두 끊고 소설가로서도 절필했습니다. 제대로 하나님을 만난 것이죠.

그는 자전적 구도기인 '내가 만난 하나님'에서 이렇게 고백했습니다.

"우주가 어떻게 시작되었는지, 인간이 어떻게 시작되어 이제까지 살아왔는지 항상 간절히 알고 싶었는데, 성경의 가르침은 믿을 수 없는 미개족의 전설처럼 여기고 지내왔는데 그게 아니었구나! 수천 년 전 아브라함에게 말씀하시던 하나님, 모세에게 말씀하시던 하나님, 다윗에게 말씀하시던 하나님이 나에게 말씀을 거시다니! 살 희망을 잃어버리고 가정문제, 직업 문제, 국가문제 등에 대한 염려와 근심으로 어찌할 바 모르는 나에게 살아갈 용기를 주시기 위해서 당신 모습을 보여주셨구나!"

이어령   네, 김 선생은 정말 제대로 하나님을 만났습니다. 회심 이후 그는 성경의 하나님을 의심했던 자신의 지난날을 깊이 회개했습니다. 그러면서 한마디로 결론을 내렸습니다. "성경은 진실이다!"라고요. 그를 잘 알았던 저는 그의 극적인 회심이 놀라울 뿐이었습니다.

그러나 그것은 저의 이야기가 아니라 그에게 국한된 이야기라고만 생각했습니다. 그럼에도 '김승옥의 회심'을 완전히 무시할 수는 없었습니다. 아무튼 전반적으로 저는 지성에서 영성으로 건너는 문지방 언저리를 어슬렁거렸던 것 같습니다.

나   "성경은 진실이다"라는 김 선생님의 외침은 이 시대 모두가 귀담아들어야 할 목소리가 아닐 수 없군요.

이어령   그렇습니다. 성경은 진실입니다! 그러나 비신자들에게 이 사실이 쉽게 믿어지지는 않습니다. 문지방은 이를테면 현관에서 안방으로 들어가는 현관 마루라고 할 수 있습니다. 현관 마루를 건너 안방으로 들어가는 것이 쉽지는 않았습니다. 거침없이 들어가는 분들이 부러웠지요. 그러면서 의심도 들었습니다.

'어떻게 지난 수십 년간 머물던 그 장소에서 다른 장소로 저렇게 쉽게 들어갈 수 있을까? 그렇다면 지금 들어간 그 장소에서도 쉽게 다른 장소로 나올 수 있는 것은 아니겠는가?'

물론 이것이 믿음의 세계, 영성의 세계에 푹 빠지지 못한 저의 단견일 수 있지만 그런 생각이 드는 것은 어쩔 수 없습니다. 아무튼 오랜 세월 동안 문지방에서 머뭇거리고, 주저하고 있었다는 것이 저의 정직한 고백입니다. 들어가고 싶지만, 막상 들어가는 입구에서는 정작 멈추게 되는…. 어쩌면 그것이 제한된 존재인 인간의 굴레라고 할 수 있겠지요.

이에 대한 루이스 선생님의 생각이 궁금합니다. 사실 선생님의 책 도움을 많이 받았습니다. 그래서 오늘은 고맙고 감사한 날입니다.

루이스　저도 오늘의 만남이 기대됩니다. 이어령 선생님을 뵙는 것은 저로서도 큰 영광입니다. 우리 가운데 흐르는 이런 '무해한 공기'가 너무나 좋군요.

기록문화연구소에서 보내준 자료를 보니 이 선생님은 정말 다양한 분야에서 탁월한 업적을 남기셨더라고요. 교수에다 5개 신문 논설위원, 그리고 문화부 장관까지 하셨고요. 장관이 대단한 자리는 아닐 수 있지만, 교수와 소설가가 맡기는 쉽지 않지요.

나 맞습니다. 그래서 이 선생님이 장관직을 맡으셨을 당시에 상당한 화제가 됐었지요.

루이스 물론 저와는 동시대를 살았다고 할 수 있는 프랑스의 위대한 소설가인 앙드레 말로도 드골 정권하에서 프랑스 문화 장관을 역임했었지요. 말로의 '인간의 조건'이나 '정복자'는 정말 좋은 작품이죠. 가만 보니 이 선생님도 앙드레 말로와 같은 분이신 것 같습니다.

더구나 이 선생님은 일반 소설뿐 아니라 기독교 분야에서도 베스트셀러를 출간하셨다니 대단하십니다. 이 선생님 작품 가운데 '장군의 수염'이 있지요? 제목이 참 재미있습니다. 저도 '나니아 연대기' 등 판타지 소설로 제 생각을 표현하곤 했지요.

소설이라는 플롯이 좋습니다. 자신에게 주어진 것으로 상상력을 발휘하는 것은 정말 재미있습니다. 상상의 세계에서는 못할 일이 없지요. 오늘 우리의 만남도 상

상력의 결과 아닌가요?(하하)

나 '무해한 공기'란 말이 너무나 좋군요. 아무런 욕심이 없는, 특별한 어젠다 없이 그저 좋은 사람들끼리 모인 모임의 공기는 전혀 해가 없지요. 요즘 들어 그런 맑은 만남을 갖고 싶은 마음이 많이 듭니다. 비단 저만의 생각은 아닐 것입니다. '무해한 공기'란 이름의 영화를 만들어도 좋겠다는 생각도 듭니다.

루이스 저는 무해한 공기 속에서의 만남을 무척이나 좋아합니다. '반지의 제왕'을 쓴 J.R.R. 톨킨이나 도로시 세이어즈와 같은 이들을 만났을 때가 그랬습니다.

우리 모두에게는 그런 명징한 만남의 기억들이 있지요. 서로 목젖을 드러내고 깔깔 웃으며 정담을 나누던 장면들 말입니다. 매일 누군가와 그런 만남을 갖는 것이 우리가 누릴 최고의 행복이 아닐까 싶습니다.

나 당대 최고의 지성인들이 목젖을 드러내며 활짝 웃으며 대화하는 모습은 상상만 해도 가슴이 뜁니다.

루이스 이 선생님의 '지성에서 영성으로'라는 책 제목은 많은 것을 생각하게 합니다. 우리 모두 지성에서 영성으로의 도약을 꿈꾸죠. 저는 '도약'이라는 단어를 좋아합니다. 모든 진보와 발전은 도약을 통해서 이뤄졌지요.

　도약을 함으로써 우리는 한 세계에서 다른 세계로의 이동, 이를테면 '순간 이동'을 할 수 있습니다. 인간의 갈망 가운데 하나가 도약에 대한 갈망이라고 생각합니다. 특별히 지성에서 영성으로의 순간 이동에 대한 갈망이 누구에게나 있는 것 같습니다. 그러나 도약을 하기 위해서는 오랜 시간 '축적의 시간'이 필요합니다. 영성의 세계에서도 특히 축적은 중요합니다. 말씀과 기도, 묵상의 축적 없이 단순한 소망만으론 영적 도약을 할 수 없습니다.

이어령 '도약'(跳躍)은 개인은 물론 인류에게 중요한 개념입니다. 문자적으로는 '몸을 위로 솟구치는 일'이지만 더 높은 단계로 발전하는 것을 비유적으로 이르는 말이기도 합니다. 믿음의 세계에서 영적 도약이 꼭 필요하리라 봅니다. 사실 도약 하나만 가지고도 여러 시간 이야기할 수 있는 주제지요.

루이스 맞습니다. 이 선생님의 책 서문에서 '지성과 영성의 문지방'이라는 문구를 보았습니다. 문지방은 표현만 다르지 영국과 한국을 비롯한 모든 나라의 집에 존재하죠. 제 책 'Mere Christianity'가 한국에서는 '순전한 기독교'라는 제목으로 번역, 출간되었다고 들었습니다. 정확한 한국어의 뉘앙스는 파악하지 못하지만 좋은 번역이라고 생각합니다.

제가 '순전한 기독교'를 쓸 때, 목표로 한 점은 누군가를 믿음의 세계로 안내하는 것이었습니다. 순전한 기독교라는 단어는 사실 여러 방으로 통하는 문들이 있는 현관 마루에 더 가깝습니다. 한 사람이라도 이 마루로 인도할 수 있다면 저는 소임을 다한 것이라고 생각합니다.

나 영어 제목을 한글로 번역한 것은 결코 쉽지 않은 작업인 것 같습니다. 어떤 책에서 'Mere Christianity'를 '한낱 기독교'로 번역한 경우도 봤습니다. '순전한 기독교'는 탁월한 번역이라고 생각합니다.

루이스 그렇군요. 중요한 것은 현관 마루로 인도한다고 해서 모든 것이 끝난 게 아니라는 점입니다. 현관 마루를 지나 방 안으로 들어가야 합니다. 진짜 만남이 이뤄지는 곳은 방안이지 현관 마루가 아니거든요. 현관 마루는 기다리는 장소이자 여러 문을 열어 볼 수 있는 장소일 뿐입니다. 거기서 영원히 머물 수는 없습니다.

머물며 살기 위해서는 현관 마루를 지나 방으로 들어가야 합니다. 기를 쓰고서라서요. 아무리 열악해도 방이 현관 마루보다는 훨씬 더 좋은 것 아니겠어요? 현관 마루를 지나 방 안으로 들어가는 여부, 그리고 어떤 방을 선택하느냐에 따라 인생이 달라집니다.

나　　역시 대화를 시작하자마자 흥미로운 주제가 나오네요. 이어령 선생님의 '문지방'과 루이스 선생님의 '현관 마루'에 대한 이야기는 전체적으로는 비슷한 내용인 것 같습니다. 물론 구체적으로는 다르다고 할 수 있지만요.

이 선생님이 말씀하신 '쉽게 문지방을 넘어서는 사람'에 대해서는 솔직히 저도 부럽습니다. 물론 모든 것은 전적으로 하나님의 은혜라고 할 때, 믿음의 은혜를 특별히 많이 받은 분들도 계시겠지요. 그런 분들이야말로 참으로 복 받은 사람들이라고 할 수 있겠습니다.

그러나 한편으로는 한 세계에서 다른 세계로 넘어가는 것이 그렇게 간단할 수 있겠는가를 생각해 볼 때, '쉽게' 문지방을 넘어서는 것에 대한 약간의 의구심이 드는 것도 사실입니다. 말씀하신 대로 '그런 분들은 다른 종교로도 쉽게 넘어갈 수 있는 것 아닌가?' 하는 의구심 말입니다. 이것 역시 은혜의 세계에 잠기지 못한 사람의 짧은 견해일 수 있을까요?

루이스　믿음의 세계에 대해 이야기할 때, 우리가 주의해야 할 사항은 절대로 남의 믿음의 영역과 범주를 함부로 이야기해서는 안 된다는 것입니다. 한 인간의 영성의 깊이는 누구도 판단할 수 없습니다. 오직 신 앞에 선 단독자인 그 사람만이 알 뿐이죠.

물론 현관 마루, 이를테면 문지방을 넘어서는 것은 사람마다 다릅니다. 아주 오랜 시간을 현관 마루에서 기다려야 한다고 생각하는 사람이 있을 수 있습니다. 그러나 바로 어떤 문을 통해 안방으로 들어갈 수 있는지를 직감적으로 알아차리는 사람도 있습니다. 사람마다 기질의 차이가 있듯이 말입니다. 저는 왜 이런 차이가 생기는지는 솔직히 잘 모르겠습니다.

나   '신 앞에서 선 단독자'란 덴마크의 실존주의 철학자 쇠렌 키에르케고르의 대표적인 말이죠. 그는 42세라는 이른 나이에 세상을 떠났지만 신실한 크리스천의 삶을 살며 '죽음에 이르는 병' 등 명저를 남겼지요.

루이스   맞습니다. 우리가 단독자로 대면하는 하나님은 전능자이십니다. 사실 모든 것은 하나님 맘대로입니다. 그분은 창조주시고, 절대자시잖아요. 너무나 쉽게 우리는 이런 가장 기본적인 사실을 잊어버리는 것 같습니다. 그런데 하나님은 선하신 분이십니다. 그리고 모든 인간들은 그분의 자녀고요. 아버지와 아들, 딸의 관계란 말입니다.

그래서 선하신 하나님께서 현관 마루에서의 기다림이 자신의 자녀들에게 결코 유익하다고 생각하지 않으신다면 그리 오래 기다리게 하실 리가 없다는 것이 저의 생각, 아니 저의 믿음입니다.

나   그렇죠. 모든 것은 하나님 마음대로, 아니 하나님 뜻대로지요. 진흙이 토기장이와 "나를 왜 이렇게 만드느냐"고 언쟁하는 것은 부당한 일입니다. 그분이 만드셨으니까요. 로마서에서 사도 바울은 이렇게 말했습니다. "이 사람아 네가 누구이기에 감히 하나님께 반문하느냐 지음을 받은 물건이 지은 자에게 어찌 나를 이같이 만들었느냐 말하겠느냐"(롬 9:20) 그분이 전능하신 하나님이라는 사실을 자주 잊어버리는 것이 우리의 문제겠지요.

루이스 네, 그렇습니다. 현관 마루에서의 기다림은 우리에게 필요합니다. 얼마나 기다렸느냐의 문제보다는 일단 들어가는 것이 중요합니다. 현관 마루를 지나 안방에 들어간 다음이라야 무엇이 자신에게 유익한 것인지를 알 수 있습니다. 요단강 물에 들어가야 그 물이 어느 정도 찬지를 알 수 있듯이 말입니다. 자신의 방에 들어가고 나서 돌이켜보면, 그렇게 오래 기다렸기 때문에 그만큼 기다리지 않았더라면 얻지 못했을 유익을 얻었다는 사실을 깨닫게 될 것입니다.

나 일단 들어가 보는 것이 중요한 것 같습니다. 한국의 금

강산은 여러 다른 이름으로 불리는 데 그중 하나가 '가봐산'이라고 합니다. 직접 가서 보아야 얼마나 아름다운지를 느낄 수 있기 때문입니다. 믿음의 영역에서도 마찬가지겠지요.

루이스 제가 여러 번 했던 말이 있습니다. 물론 작가로서의 상상력을 발휘한 내용이기도 합니다. 천국에 들어가서 우리가 가장 먼저 할 말이 있는데 그것은 "아, 이랬었군요!"라는 일종의 놀라움의 표현입니다. 지금은 알 수 없지만, 그때는 알게 됩니다. 지금은 희미하지만, 그때는 분명해집니다.

우리의 믿음의 대상이신 그분과 대면하는 그날, 우리 인생의 모든 수수께끼와 아이러니들이 풀리게 될 것입니다. 현관 마루에서 오랫동안 서성거렸던 분들 역시 그 이유를 알게 될 것입니다. 그날은 반드시 옵니다! 그러니 잠시 이 땅에서의 희미한 아이러니를 풀기 위해 지나치게 애쓰지 말고 담담히 그날을 기다리는 인내가 필요합니다. 그날, 그분이 우리에게 말씀하실 것이며, 우리 역시 그분에게 여쭤볼 수 있을 것입니다.

이어령 저도 사실 그분을 만나면 여쭤보고 싶은 수많은 질문이 있습니다. 믿음에 대해서 뿐 아니라 지독한 상실에 대해서도, 죽음과 섭리 등 묻고 싶은 것들이 너무나 많습니다. 무신론자였을 때에는 그런 것들에 대해서는 아주 진지하게 생각하지 않았습니다. 그저 한세상 진실하게 잘 살다 가면 된다고 여겼지요. 이 땅에서의 삶 이후, 즉 사후생(死後生)에 대해서는 관심은 많았지만 그것이 있다고는 생각하지 않았습니다. 그것은 제 이성과 지성에 반하는 것이었습니다.

젊은 날의 저를 굳이 표현하자면 거부자, 저항자라고 할 수 있습니다. 30대에 '거부하는 몸짓으로 이 젊음을'이라는 책을 썼는데 그 책의 제목이 저의 청년 시절을 대변합니다.

당시 저는 신에 대해서는 물론 인간과 기성의 모든 권위를 거부했습니다. 모든 기성 권위를 부정했고, 거기에 저항했습니다. 지금도 30대의 저와 같은 저항하는 청춘들이 많이 있을 것입니다.

루이스 저항과 부정은 젊음의 언어지요. 개신교를 뜻하는 프로테스탄트(Protestant)는 '이의를 제기하는 자', 혹은 '저

항하는 자'를 의미합니다. 기독교는 끊임없이 저항하고
개혁해 나가는 종교이지요.

이어령   저항과 부정은 젊음의 특권이랄 수 있지만, 그 시기는
여전히 미숙한 시간일 수밖에 없습니다. 믿음은 보이
지 않는 대상과의 관계라고 할 수 있는데 젊은 시절에
는 그 보이지 않는 것에 대한 감각이 옅은 것이 사실입
니다.

　오랜 시간 동안 저항과 부정의 삶을 살게 되면 영원
에 대한 감각은 화석화되어 루이스 선생님이 말씀하신
현관 마루에까지 가기도 어렵습니다. 아예 집 밖에서
멀리 떨어져 다른 삶을 사는 것이 일반적입니다. 믿음
의 세계를 높디높은 성역처럼 여기면서 말입니다.

　제가 세례를 받았을 때, '드디어 성역을 침범하고 말
았구나'라는 생각이 들었습니다. 수십 년 동안을 성역
으로 남겨둔 그곳에 드디어 들어간 것이죠. 들어갔다고
해서 모든 것이 해결되는 것은 아니지만 그 '들어감'은
참으로 중요하다고 생각합니다. 책을 발간하고 나서 새
삼 문지방에서 서성거리는 사람들이 무척 많다는 것을
깨달았습니다.

루이스 맞습니다. 젊음의 특권 가운데 하나가 저항과 거부를 할 수 있다는 것입니다. 슬프게도 나이가 들어가면서 그것이 쉽지 않게 되죠. 수없는 거부의 몸짓을 통해 우리는 점점 더 진리를 향해 나아가게 되는 법입니다. 무엇보다 일단 '들어가는 것'이 중요합니다. 평생 들어가지 못하고 생을 마치는 분들도 많은데, 현관 마루를 지나 방에 들어가게 됐다는 것 자체가 커다란 은혜라고 할 수 있어요.

지금도 현관 마루, 그러니까 문지방에서 서성거리는 분들이 많습니다. 한국과 영국은 물론 전 세계적인 현상입니다. 현관 마루까지 어렵사리 들어왔지만 거기서 평생 서성거리다 세월을 보내는 사람들도 있습니다.

나 우리 주변에는 믿음의 경계선에 서 있는 분들이 많이 있습니다. '교회의 언어'를 쉽게 받아들이기 어렵지만, 그래도 믿음의 영역으로 들어가려고 서성거리는 사람들 말입니다. 교회가 우선적으로 관심을 기울여야 할 대상이라고 봅니다.

루이스 사실 현관 마루에서가 중요합니다. 거기서 운명이 결정

됩니다. 현관 마루에서는 방으로 들어갈 준비를 하고, 실행해야 합니다. 그곳에서 상당 기간, 혹은 영원히 거하려 해서는 안 됩니다. 반드시 현관 마루를 지나 안으로 들어가야 합니다.

나　안으로 들어가려 할 때, 무엇을 주의해야 할까요?

루이스　무엇보다 어떤 문이 참된 문인지 물어야 합니다. 현관 마루를 지나면 여러 방이 있고 거기 들어가는 문이 있습니다. 그냥 막 아무 문이나 열고 들어가서는 안 됩니다. 그저 자기가 선호하는 취향이나 다른 사람들의 견해에 따라 문을 두드리는 것도 절대로 피해야 합니다. 부화뇌동하면 안 됩니다. 영혼이 걸린 문제이기 때문입니다.

　이것은 세상에서 방황하다 최종적으로 출석할 교회를 정하는 것과 같습니다. 그 교회에 있는 사람들 때문에, 혹은 목사님 때문에, 예배 스타일 때문에 출석교회를 정해서는 안 되지요. 그곳에 참된 말씀이 선포되고 있는지, 하나님과의 친밀함이 있는지, 세상과 구별되는 거룩함이 있는지를 우선적으로 파악해야 합니다.

나 너무나 중요한 말씀입니다. 현실적으로는 담임 목사님의 설교나 분위기 때문에, 혹은 지인들로 인해 교회를 정하는 경우가 많습니다. 무엇보다 참 진리가 선포되고 있는지가 가장 중요하겠지요. '영혼이 걸린 문제'이기에 더욱 신중하게 나아가야 하겠습니다.

루이스 이런 치열한 과정을 거치다 보면 마침내 자신이 들어가야 할 문을 발견하게 될 것입니다. 드디어 자신이 머무를 방을 찾게 된 사람에게 필요한 덕목이 있습니다. 그것은 존중입니다. 현관 마루에서 함께 있다 자기와는 달리 다른 방을 선택한 사람도 있고, 여전히 현관 마루에 머물러 있는 사람이 있을 것입니다. 그들을 존중해야 합니다. 그들의 판단과 결정을 무시해서는 안 됩니다.

그들이 바른 결정을 내리지 못해 엉뚱한 방에서 허우적거리거나, 혹은 현관 마루에서 한 발짝도 떼지 못한다고 판단될 때, 여러분이 할 일은 하나입니다. 그들을 위해 기도하며 하나님의 빛이 그들에게도 비치기를 기원하는 것입니다. 결코 인간적 잣대로 그들을 판단하는 우를 범하지 마십시오.

주여, 왜?

나 천국에 들어가서 우리가 가장 먼저 할 말이 "아, 이랬었 군요!"라는 루이스 선생님의 말씀을 들으면서 고린도 전서 13장 12절 말씀이 떠오릅니다.

"우리가 지금은 거울로 보는 것 같이 희미하나 그때 에는 얼굴과 얼굴을 대하여 볼 것이요 지금은 내가 부 분적으로 아나 그때에는 주께서 나를 아신 것 같이 내 가 온전히 알리라." 우리 모두에게는 그날에 대한 기대 가 있습니다.

이 땅에서는 개인적·사회적으로 도저히 이해되지 않 는 일들이 매일 발생하고 있습니다. 도처에서 단말마처 럼 "주여, 왜?"라고 울부짖는 분들이 많습니다. 지금 이 해되지 않았던 수많은 일들이 그날, "아, 이랬었군요" 라고 받아들여질 것이라고 믿습니다. 그럼에도 '하나님 이 정말로 계시다면 어떻게 이럴 수 있을까?'라는 마음 을 갖게 되는 경우도 많습니다. 하나님께 "알아요, 선하 신 당신의 궁극적인 뜻을 안다고요. 그런데 굳이 이런 방법을 쓰셔야 했었나요?"라고 질문하는 그리스도인들도 있을 것입니다.

저희 어머님은 뇌출혈로 쓰러져 2년 여간 식물인간처럼 지내시다 결국 회복하지 못하시고 이 땅을 떠나셨습니다. 어머님은 기도의 여인이셨습니다. 새벽마다 기도하시던 어머님의 모습이 눈에 선합니다. 저와 우리 형제들은 병상의 어머님, '살아 있으나 죽은 자 같은' 어머님을 보며 수많은 날을 하나님께 묻고, 구했습니다. "하나님, 왜입니까?" "하나님, 당신의 신실한 자녀입니다. 부디 고쳐주세요."

그러나 어머님은 회복되지, 아니 한 번도 제대로 의식을 차리지 못하시고 병상에 누워계시다가 2년 만에 이 땅을 떠나셨습니다.

루이스 저도 말기 골수암 판정을 받은 병상의 아내를 지켜보면서 비슷한 생각을 많이 했었습니다. 현대 의학을 뛰어넘는 기적을 바랐지요.

나 어머니가 다시 일어서는 기적은 일어나지 않았습니다. 솔직히 '하나님의 방식'이 이해되지 않았습니다. 사실 지금도요. 요양원 병실에는 어머니와 같은 분들이 계셨습니다. 그들의 가족 모두 저와 같은 생각을 했을 것입니다. 하나님이나 성모 마리아, 석가모니, 알라 등 이 땅의 신이라 생각되는 모든 존재에게 묻고 구했을 것입니다.

병상뿐 아니라 우리 주변에는 그런 질문을 하는 분들이 너무나 많습니다. 루이스 선생님의 사모님 이야기는 나중에 자세히 들으면 좋겠습니다. 이 선생님도 이에 대해 많은 생각을 하셨을 것 같습니다.

이어령 성경에는 역설적인 희망을 노래하거나 강조하는 내용들이 많습니다. 에스겔서 16장에 보면 "너는 피투성이라도 살라"는 말이 나오죠. 이 얼마나 강렬한 말입니까. 피투성이로 죽어가는 아이에게 "살라"고 명하신 것입니다.

예레미야애가는 예루살렘의 멸망을 읊은 조가(弔歌)입니다. 처절한 슬픔과 절망의 노래로 가득 차 있습니다. 그런데 애가에는 슬픔과 절망만 나오는 것이 아닙니다. 역설적인 희망의 노래도 울려 퍼집니다. 예레미야는 "소망이 끊어졌다"고 슬퍼하고 탄식하면서도 결코 믿음을 버리지 않습니다.

저는 이런 말씀들을 읽으며 "어떻게 저런 극심한 절

망 속에서도 믿음의 끈을 놓지 않을 수 있을까"를 생각해보았습니다. 그 놀라운 믿음은 어디서 오는 것일까요? 우리 주변에도 극심한 고통을 당하고서 오히려 '상처 입은 치유자'가 되어 주위를 밝히 비추는 사람들이 있습니다. 고통을 느끼는 강도는 모두 다르겠지만, 그 가운데서도 작은 희망을 찾는 노력을 해야 합니다.

　고통의 문제에 대해서는 깊이 다룰 시간이 있을 것입니다. 그때 더 이야기를 나누면 좋겠습니다. 지금은 시작 부분이니만큼 먼저 보다 근본적인 이야기를 하면 좋겠습니다.

하나님의 존재, 그리고 그리스도인

나　네, 좋습니다. 먼저 나눠야 할 부분이 있는 것 같습니다. 하나님의 존재입니다. 우리는 어떻게 하나님이 계신다는 사실을 믿을 수 있을까요? 믿고는 싶은데 도저히 하나님을 믿을 수가 없다고 토로하는 분들이 많습니다. 그들에게 어떻게 하나님이 존재하시고, 그분이 천지를 창조하셨다는 사실을 믿게 할 수 있을까요?

이어령 거기에 대해서는 할 말이 많습니다. 여섯 살 때 저는 친구들과 떨어져 홀로 보리밭 길을 굴렁쇠를 굴리며 갔습니다. 그때, 갑자기 눈물이 흘러나왔습니다. 아무런 이유도 없었습니다. 도대체 그 어렸던 제가 흘린 눈물의 의미는 무엇이었을까요? 그것은 죽음에 대한 생각일 수도, 영원에 대한 무의식적인 감각일 수도 있습니다.

나 그런 일종의 종교적 충동, 영원에 대한 감각이 갑자기 가슴 깊은 곳에서부터 터져 나올 때가 있는 것 같습니다. 나이와 상관없이요.

이어령 어린 나이였지만 죽음이란 것을 생각함과 동시에 절대자, 그러니까 하나님에 대한 인식을 하게 된 것입니다. 막연하게나마 살고 싶어서였겠지요.

　지금 생각해보니 저는 의식하지 못했더라도 하나님은 늘 저를 추적하고 지켜보셨습니다. 저의 목숨 속에, 숨결 속에 그분은 계셨습니다! 이것은 우리가 하나님을 믿는 여부와는 상관없습니다. 그분은 언제나 우리와 함께 계십니다. 그리고 그분을 간절히 만나고 싶은 갈망을 지닌 자들에게 나타나십니다.

나 이 선생님에게 여섯 살 때의 경험이 아주 크게 각인되어 있으셨나 봅니다. 각종 강연과 글에서 여러 번 언급하셨거든요. 그런데 우리 각자에게는 이 선생님의 여섯 살 때의 경험과 같은 유의 경험들이 있는 것 같습니다. '영혼에 대한 감각'이 어린 시절부터 장착되어 있다고나 할까요.

이어령 네. 그렇습니다. 우리는 세상에서 배운 지식으로는 영원의 관점을 받아들이기 힘듭니다. 초월적 존재인 하나님을 받아들여야 합니다. 그분이 존재하시고 천지를 창조하셨다는 사실은 배우는 것이 아니라 '받아들이는 것'입니다.

나 이 선생님은 '지성에서 영성으로' 들어가게 될 때의 상황을 '플런지'(plunge, 빨려들어가다)라는 단어로 설명하셨죠.

이어령 네. 플런지는 믿음의 단계에서 아주 중요합니다. 믿음은 빨려들어가는 것이고 받아들이는 것입니다. 여섯 살의 어린애였던 제가 막연하나마 삶과 죽음에 대한 생각을 하게 된 것처럼 받아들이고, 경험하는 것이 중요합니다.

우리는 하나님이 살아계시며 절대로 선하다는 관념을 갖고 있습니다. 그것이 맞다고 믿습니다. 그렇다면 살아계신 하나님, 자비가 많으신 하나님은 당신의 자녀들에게 다양한 방법으로 자신의 존재를 느끼게 해주실 수 있는 분입니다.

자끄 마리땡이라는 프랑스의 철학자는 지식은 결코 개념적인 것이 아니라면서 "경험이야말로 지식의 정점"이라고 말했습니다. 내가 하나님을 체험하고 경험하는 것이지요.

사실 하나님을 직접 체험하는 것은 저의 오랜 갈망이었습니다. 먼저 이 땅을 떠난 딸 이민아 목사가 제게 바란 유일한 소망이기도 했습니다. 딸은 언제나 하나님을 경험하고 있는 듯 살았습니다. 이 땅에서 저 하늘처럼 살았지요.

그런 딸을 보면서 저도 하나님을 경험하는 것에 대한

소망을 가졌습니다. 하나님을 직접적으로 체험하는 것이야말로 은혜중의 은혜라는 생각입니다. 그런데 하나님이 자신을 직접 경험하고 싶다는 사람의 소박하고 진실된 청을 안 들어주시겠습니까? 그런 일은 있을 수 없다고 믿습니다. 부족한 것은 우리의 순수한 갈망이 아닐까 싶습니다.

저는 늘 이런 생각을 했습니다. '십자가에서 허무하게 처형되었던 나사렛 출신의 목수가 어떻게 2000년 넘게 세대에서 세대를 걸쳐 이 땅 모든 곳에 존재의 빛을 발하실 수 있었을까? 그 비밀은 무엇일까?' 지식으로서는 쉽게 이해하기 힘든 일입니다. 그러나 믿음의 눈으로 볼 때는 너무나도 쉽게 받아들일 수 있는 문제이지요.

나   플런지에 대해 좀 더 이야기 나누죠. 특별히 지성에서 영성의 세계로 플런지하지 못하고 문지방에 머물고 마는 사람들에게 조언을 해주신다면 좋겠습니다.

이어령   플런지라는 것은 완전히 푹 적셔지는 겁니다. 내던져진 것이죠. 김치를 예로 들면 겉절이는 겉만 소금이 배인

배추김치입니다. 진짜 몇 사람이나 완전히 플런지했는가, 즉 내던져졌는가 생각해 봅니다. 자기는 속까지 소금이 배었다고 생각하지만 겉에만 소금이 묻어 있는 겉절이와 같은 상태의 신앙인이 적지 않습니다.

완전히 플런지하기란 육체를 지닌 사람으로서는 결코 쉽지 않습니다. 그런데 육체를 지닌 사람들도 간혹 그렇게 하는 경우가 있어요. 성자들이지요. 그들을 보면 '정말 이런 게 믿음이구나'라는 감탄이 절로 나옵니다. 완벽한 플런지라는 것은 인간의 노력으로는 힘들다고 봅니다. 그러므로 은혜라는 말이 나오는 것이겠지요. 그래서 끊임없이 하나님을 경험하겠다, 그분께 푹 던져지겠다는 갈망을 갖는 것이 중요합니다. 그러다 보면 은혜로 인해 어느 날, 영성의 세계로 던져지게 되는 것이죠.

나 '하나님을 경험한다'는 말은 늘 가슴 뛰게 만듭니다. 특별히 다윗이 떠오릅니다. 그는 많은 과오를 갖고 있었지만 한 가지 분명한 것은 늘 하나님을 경험한 은혜의 사람이라는 점입니다. 그는 단순히 하나님에 관해 아는 차원을 넘어 매일의 삶에서 실제로 하나님을 경험합니다. 하나님의 세계에 과감하게 뛰어듭니다. 그분을 받아들이며, 그분을 껴안습니다. 다윗에게 하나님은 추상적 존재가 아니라 자신의 삶을 인도하시는 실재였습니다.

저는 목회자이자 영성 작가인 유진 피터슨의 이 말이 좋습니다. "다윗은 하나님에 관해서는 아무것도 놓치지 않는 사람이었다."

'하나님을 놓치지 않는 것'이야말로 가장 중요한 포인트가 아닐까 싶습니다. 다윗이 한낱 목동에서 이스라엘의 왕이 된 것은 하나님의 인도하심이라는 사실 외에는 설명이 되지 않습니다.

주변을 돌아봐도 하나님을 경험한 사람은 변화를 넘는 성숙에 이르는 것 같습니다. 이 선생님의 따님 이민아 목사님에 대해서도 많은 이야기를 나눌 수 있겠는데요, 추후에 자세하게 말씀해주시면 좋겠습니다.

루이스 선생님께 여쭙고 싶은 질문입니다. 우리는 흔히 이런 질문들과 이런 말을 합니다. "당신은 그리스도인입니까?" "저 사람은 믿음이 좋은 신실한 그리스도인입니다." 우리가 "당신은 그리스도인입니까?"라고 물을 때, '그리스도인'이라는 정의는 어떻게 나온 것인

걸까요? 그 질문하는 사람에게 '그리스도인은 마땅히 이러이러해야 한다'라는 일종의 자기 확신이 있을 것입니다.

그러나 모든 자기 확신에는 어느 정도의 편견이 자리 잡고 있습니다. 누구도 자신을 둘러싼 환경과 학문의 배경을 뛰어넘기 힘들기 때문입니다. 더욱이 요즘같이 확증편향 현상이 심한 가운데 '...은 ...이다'라고 정의하는 것에는 위험성이 따릅니다. 그리스도인이란 도대체 무엇일까요? 또한 "저 사람은 믿음이 좋아"라고 할 때 '믿음이 좋다'는 말은 무엇인가요?

루이스 이 선생님의 여섯 살 때의 체험 이야기가 깊이 다가옵니다. 우리 모두 본향을 향한 향수를 갖고 있는 것 같습니다. 우리의 DNA 속에 장착된 일종의 '에덴을 향한 갈망'이랄까요. 그것을 종교성이라고도 말할 수 있겠지만요. 우리 안에 그런 감각이 있다는 것은 분명합니다.

우리는 수없이 그리스도인에 대한 말들을 하고 있지요. 그리스도인이란 아무래도 공통적인 교리를 받아들인 사람이라고 정의할 수 있습니다. 그 공통적인 교리는 성경 속에 잘 나와 있습니다.

그러면 사람들은 이렇게 물을 것입니다. "도대체 당신이 뭐라고, 누구는 그리스도인이고 누구는 아니라고 함부로 말하는 것인가? 이런 교리들을 믿지 못하는 사람 중에도 교리를 믿는 사람들보다 훨씬 더 참된 그리스도인, 그리스도의 정신에 훨씬 더 가깝게 사는 그리스도인들이 많지 않은가?"

나 정말 믿음과 관련해선 겉만 가지고는 내면의 상태를 파악하지 못하는 것 같습니다. 뭐라고 규정하면 즉각적으로 반발이 들어오지요.

루이스 맞습니다. 어떤 사람의 믿음에 대해 타인이 규정하는 것은 위험하지요. 그리스도인이라는 단어는 누구나 사용할 수 있지만, 그 본래의 의미대로 각 사람에게 제대로 기능하는지의 여부는 파악할 수 없습니다. 그리스도인이라는 호칭은 사도행전 11장 26절에 처음 나오죠. 사도들의 가르침을 받은 제자들은 안디옥에서 비로소 그리스도인이라 일컬음을 받게 되었습니다. 사도들이 말하는 공통의 교리에 대한 가르침을 받아들인 제자들이 그리스도인이라는 것입니다.

나　　　그렇다면 일단 공통의 교리에 대한 가르침을 받아들인 사람들은 모두 그리스도인이라 불릴 수 있네요?

루이스　그렇지요. 그러나 그리스도인으로 불린 사람들이 그 공통의 교리를 듣는 것에 그치지 않고, 그것을 삶에서 살아내는지에 따라 참된 그리스도인인지, 아닌지가 결정됩니다. 어떤 사람이 가장 깊은 의미에서 그리스도의 영에 가까운가는 결코 다른 사람들이 말할 수 없습니다. 본인이 가장 잘 알 것입니다. 그리스도의 교리를 받아들였으면서도 그 교리와는 전혀 다른 삶을 사는 사람들도 충분히 있을 수 있습니다. 세상 사람들은 교회에 다니는 사람들을 통칭해서 그리스도인이라고 부르겠지만 그 내용에 들어가면 차이가 크지요. 그래서 기독교 교리를 받아들였으면서도 그에 합당치 않은 삶을 사는 사람들을 가리켜 "그는 그리스도인이 아니다"라고 말하기보다는 "그는 나쁜 그리스도인이다"라고 하는 것이 더 정확한 표현입니다.

위대한 '썸씽'(Something)과 기독교의 공식

이어령 이 세상에는 선명하게 빛과 어두움으로 나뉘는 부분이 있겠지만, 그보다는 빛과 어두움이 공존하는, 이른바 회색지대가 더 많은 것 같습니다. 무신론자들이라 할지라도 믿음이 전혀 없는 것은 아닙니다. 무신론자들도 기도를 드립니다. 말씀도 읽고요. 그리스도인이라 할지라도 진실된 기도를 드리지 않거나 건성으로 말씀을 읽는 분들이 계실 것입니다. 그러므로 누가 그리스도인지 아닌지를 함부로 말할 수는 없지요.

나 전적으로 동감합니다.

이어령 무신론자였을 때에도 저는 성경을 즐겨 읽었는데, 창세기의 "빛이 있으라 하시니 빛이 있었다"는 구절이 특히 큰 감동으로 다가왔어요. 그 찬란한 빛을 만든 누군가에 대해서는 늘 관심이 있었습니다. 그러다 세례를 받으면서 기독교의 목적은 예수님처럼 되는 것이라는 생각을 하게 됐습니다. 예수님은 우리에게 '나처럼 되어라'는 미션을 주셨습니다. 우리가 예수님이 가신 그 길을 그대로 따라가면 이 땅의 가치와는 전혀 다른 생명의 떡, 바로 예수 그리스도를 얻을 수 있습니다. 그 길은 자기 부인의 길입니다. 돌이키는 길입니다.

나   네. 주님 가신 그 길(The Way)은 정말 자기를 부인하는 길이었죠.

이어령   무신론자에서 벗어나기 위해서는 하나님이 계시는가에 대한 문제가 반드시 해결되어야 합니다. 사람들은 외래종교인 기독교의 하나님을 믿기 어렵다고 합니다. 그렇다면 굳이 하나님이라는 이름을 붙이지 말고 그냥 '썸씽'(Something)이라고 불러보세요. 그런 썸씽은 누구나 다 가지고 있는 겁니다.

종교까지 가지 않더라도 과학자나 공부 좀 한 사람들도 이 세계에는 '위대한 썸씽'(Great Something)이 있다고 생각합니다. 형상화(formulate)되는 것, 디자인되는 어떤 것이 있다는 말입니다. 무언가 자기 힘 이상의 것이 발휘되었을 때, 그것을 '위대한 썸씽', 혹은 '신'으로 부르는 것입니다.

나 신을 믿는 여부와는 상관없이 사람들은 이 세상엔 우리가 알 수 없는 초월적인 무언가가 반드시 있다고 생각하지요.

이어령 사람들은 불가능한 것이 이뤄질 때 우연이라고 말합니다. 그런데 누가 천만번 로또에 당첨됐다고 해보세요. 그게 우연이겠습니까. 인생에는, 우주에는 한 사람이 천만번 로또에 당첨된 것보다 더 어려운 일들이 일어나고 있습니다. 우주를 디자인한 사람이 있다고 생각하지 않을 수 없습니다. 제가 세례받은 것, 신자가 된 것도 모두 그 위대한 썸씽의 계획 아래에서 이뤄진 것입니다. 저에게 그 위대한 썸씽은 하나님이십니다. 루이스 선생님, 그 하나님을 믿는 사람들을 그리스도인이라고 할 수 있는 것 아닙니까?

루이스 역시 이 선생님은 대단한 통찰력과 어휘력을 갖고 계신 분이시군요. '위대한 썸씽'이란 단어는 누구나 쓸 수 있는 것은 아니지요. 정말 이 땅에서 우연히 이뤄지는 것은 아무것도 없습니다. 말씀하신 대로 우연을 가장한 필연이지요.

저는 '기독교의 공식'이 있다고 생각합니다. 공식은 이해하려 하지 말고 그저 받아들이며 외워야 합니다. 그리고 각종 문제를 그 공식에 대입해야 답이 나옵니다. 기독교의 공식은 이것입니다.

'독생자 예수 그리스도가 인류 구원을 위해 죽임을 당했다. 그분이 죽음으로 우리의 죄가 씻김을 받았다. 그리고 그 죽음으로 인해 이 땅을 뒤덮은 죽음의 세력이 힘을 잃었다.' 그리스도인은 이 공식을 믿는 사람입니다.

나   '기독교의 공식'이라고 하니 그 의미가 확 들어옵니다. 우리는 어린 시절부터 정석이나 공식에 익숙했거든요. 공식은 무조건 달달 외워야 했습니다. 수학자라면 공식이 만들어진 경로를 탐색하겠지만 학생들은 그저 외우면 됐습니다. 그리고 문제들을 공식에 대입하면 되었습니다. 공식은 무시할 수 없는 것이었습니다.

루이스   네. 공식마저 아예 무시해버리면 답을 찾을 수 없습니다. 답을 찾는다고 하지만 답 없는 답에서 허우적거릴 뿐입니다. 공식을 받아들일 때 사람들은 일종의 '낭패감'을 느낍니다. 어떤 면에서 기독교는 낭패감에서 출발하는 종교라고 할 수 있습니다. 인류가 죄에 빠졌고 병이 들었다는 것을 전제하지 않고서는 답을 줄 수 없다는 의미에서의 낭패감입니다.

또한 하나님을 알고자 할 때, 그 주도권은 내가 아니라 전적으로 하나님께 있다는 점에서 인간은 낭패감을 느낍니다. 그러나 이 낭패감, 일종의 인간의 전적 무능을 인식하는 것이야말로 하나님을 만나는 출발점입니다.

나   '기독교는 낭패감에서 출발하는 종교'라고요? 참 적절한 표현입니다. 자신의 전적 부패와 무능을 인식하는 그 지점에서 우리는 비로소 창조주를 찾게 되는 것 같습니다.

루이스   네. 우리는 전적으로 부패하고 무능한 존재들입니다. 그래서 믿음의 영역에서 주도권은 철저하게 내가 아니라 하나님이 갖고 계실 수밖에 없습니다. 하나님이 자신을 보여주시지 않는 한 우리는 무슨 수를 써도 그분을 찾을 수 없습니다.

그러면 하나님은 누구에게 자신을 보여주실까요? 특별히 자신을 더 잘 보여주는 어떤 부류의 사람들이 있는 것인가요? 그렇습니다. 주변을 보면 실제로 하나님이 자신을 더 많이 보여주는 듯한 사람들이 있습니다.

나   하나님은 선인과 악인에게 차별 없이 비를 내려주시는 공평하신 분이 아닌가요?

루이스   맞습니다. 하나님은 분명 선하시고 공평하신 분입니다. 하나님이 특별히 어떤 이들에게 자신을 더 많이 보여주시는 것은 그들을 편애하시기 때문이 아닙니다. 마음과 됨됨이가 온통 잘못되어 있는 사람에게는 하나님도 자신을 보여주실 수 없습니다. 햇빛은 선인과 악인에게 공평하게 비칩니다. 편애를 할 수 없지요.
그러나 깨끗한 유리창을 통해서 햇빛은 방 안으로 더 잘 들어올 수 있습니다. 유리창이 지저분하다면 햇빛이 제대로 안으로 들어올 수 없습니다. 마찬가지입니다. 하나님은 공평하신 분이십니다. 하나님의 빛은 모든 이에게 미칩니다.
하지만 우리의 자아가 깨끗하지 못하다면 하나님의

빛은 우리 안으로 깊이 들어오지 못하고 일정 부분 막히게 됩니다. 유리창이 지저분해 햇빛을 제대로 받지 못한다 해서 햇빛이 없다고 주장할 수 없듯, 나의 깨끗하지 못한 자아로 인해 하나님의 빛을 제대로 느끼지 못한다 해서 하나님이 계시지 않다고 주장할 수 없습니다.

생명을 낳고 전하는 교회, 그리스도인

나 대가들의 대화에는 역시 차원이 다른 어휘들이 나오는 것 같습니다. '위대한 썸씽'이나 '낭패감에서 출발하는 종교'라는 말을 통해 여러 생각들이 나올 수 있는 것 같습니다. 그렇다면 하나님을 알고, 배우고, 받아들이기 위한 최적의 조건이라는 것이 있습니까?

루이스 '최적의 조건'이 무엇인지에 대해서는 좀 생각해봐야 할 것 같습니다. 제가 확신하기로는 하나님은 참다운 사람에게만 자신을 있는 모습 그대로 보여주실 수 있다

1부 문지방과 현관 마루

는 것입니다.

나   '참다운 사람'이란 말이 좀 모호한데요.

루이스   여기서 참다운 사람이란 단순히 선한 개인들을 가리키는 말이 아닙니다. 한 몸 안에 연합되어 서로 사랑하고 서로 도우며 서로에게 하나님을 보여주는 사람들을 가리키는 말입니다. 우리는 로빈슨 크루소처럼 홀로 생활할 수 없습니다. 하나님을 배우기에 정말 적합한 도구는 다 함께 하나님을 기다리는 그리스도인 공동체입니다. 오늘로 이야기하면 교회가 되겠지요.

그 공동체 모임을 통해 사람들은 하나님을 경험하며 그리스도의 생명에 동참하게 됩니다. 그 그리스도인 공동체에서 우리는 자신을 주장하는 것이 아니라 맡기게 됩니다.

기독교가 제시하는 바는 바로 하나님이 그 뜻대로 하시도록 자신을 그분께 맡기는 사람은 그리스도의 생명에 동참하게 된다는 것입니다. 그리스도인들은 공동체를 통해, 만든 생명이 아니라 낳은 생명, 언제나 있었고 언제나 있을 생명을 나누어 갖는 것입니다.

나   맞습니다. 우리는 홀로 섬처럼 살 수 없습니다. 그래서 교회 공동체가 중요하겠죠. '만든 생명'과 '낳은 생명' 이 날카롭게 대조되는군요.

루이스   네. 어떤 경우든 그리스도라는 하나님의 아들에 대한 것이 가장 중요합니다. 새롭게 태어나는 것은 오직 그분을 통해서만 가능합니다. 새로운 탄생은 그분의 생명에 동참하게 됨으로써만 이뤄진다는 것입니다.

그의 생명에 동참하면 우리도 하나님의 아들이 됩니다. 이것이 놀라운 사실입니다. 우리가 창조주이시며 전능하신 하나님의 자녀가 된다고요! 그렇게 되면 우리는 성자 예수님이 성부 하나님을 사랑하시듯 하나님을 사랑하게 될 것입니다. 그러면 우리 안에서 성령님의 기운이 불일 듯 일어납니다. 주님이 사람이 되어 이 땅에 오신 이유는 오직 하나, 이 생명을 사람들에게 전하기 위해서입니다.

그러므로 우리 역시 주님처럼 생명을 전해야 합니다. 우리는 모두 이 땅에서 '작은 그리스도인'이 되어 생명을 전하며 살아야 할 사명을 지닌 자들입니다. 우리가 그리스도인이 되는 목적은 오직 이것 하나뿐입니다.

나 루이스 선생님은 책에서 그리스도인들이 하나님을 만나기 위해서는 정직한 영을 지녀야 한다고 강조했습니다. 생명은 정직한 영에 들어오시는 하나님의 정직한 말씀을 통해서만 나올 수 있기 때문이라는 것이지요.

선생님의 이 글이 참 마음에 와닿았습니다. "습관적으로 교회에 나가던 젊은이가 사실은 자신이 기독교를 믿지 않는다는 사실을 정직하게 인정하고 교회에 그만 다니기로 할 경우, 그러니까 부모님을 속 썩이기 위해서가 아니라 정말 정직해지고 싶어서 그렇게 할 경우에 그리스도의 영은 그 전 어느 때보다 그에게 더 가까이 계실 수 있습니다."

'진실로 정직해지고 싶어서 습관적으로 다니던 교회를 그만 다니기로 결정함으로써 그리스도께 더 가까이 다가갈 수 있다'는 사실은 충격적이기도 합니다. 물론 충분히 이해할 수 있지 만은요. 여기서 교회는 가시적(可視的) 교회를 말하겠지요. 가시적 교회에는 가지 않더라도 비가시적 교회는 다니는 참된 크리스천들이 얼마든지 있을 수 있다는 생각입니다.

요즘 한국에는 '가나안 교인'이라는 말이 보편화 되었습니다. '가나안'을 거꾸로 읽으면 '안나가'입니다. 크리스천이지만 교회에는 나가지 않는 사람들을 일컫는 말입니다. 이런 가나안 교인들이 비약적으로 늘어나고 있습니다. 코로나 팬데믹을 통과하며 이런 경향은 가속화되고 있습니다.

코로나로 인해 공간으로서의 교회에 출석하는 성도들은 상당한 폭으로 줄어들었습니다. 이제 팬데믹의 영향에서 벗어나고 있지만 교회마다 출석 성도들의 수는 이전 수준으로 회복되지 않고 있습니다. 이대로 고착화될 가능성이 큽니다. 그러다 보니 이전부터 제기됐던 '교회의 위기'라는 말이 더욱 현실감 있게 다가오고 있습니다. 그러나 이것이 보이는 교회의 위기는 될 수 있지만 기독교 자체의 위기는 아닐 것입니다.

말씀하신 대로 우리가 그리스도인이 되는 목적은 생명을 낳고 전하는 작은 그리스도인들이 되어야 하는 것이겠지요. 가시적 교회에 나가는 여부보다 더 중요한 것은 '생명을 낳고 전하는 그리스도인이 되는 것' 아니겠습니까? 여기에 역설적인 희망이 있다고 봅니다. 지금의 한국교회가 이것을 붙들고 나갈 때, 교회(가시적, 그리고 비가시적)는 여전히 세상의 소망이 될 것이라고 믿습니다.

이어령　가시적 교회 출석은 중요하지요. '함께' '더불어' '우리' 라는 단어에는 힘이 있습니다. 공동체를 포기해서는 안 됩니다. 그러나 어느 상황에서도 하나님을 경험하는 것 이야말로 믿는 자에게 더 중요한 일은 없다고 봅니다.

　앞서도 말씀드렸지만 하나님을 절절히 경험하는 것, 하나님의 음성을 듣는 것은 세례를 받기 전후로 저의 최고의 소망이었습니다. 각종 인터뷰에서 하나님이 저 의 이름을 세 번만 직접 불러주신다면, 그 목소리를 그 대로 들을 수 있다면 저는 지금까지 제가 추구하고 이 뤘던 모든 지성적 성취들을 아낌없이 버릴 수 있다고 말했습니다. 그만큼 하나님과의 친밀함을 추구했던 것 이지요.

　그러나 매일의 삶에서 하나님을 경험하는 일이란 결 코 쉽지 않았습니다. 좌절감도 들었습니다. 루이스 선 생님의 "하나님은 참다운 사람에게만 자신을 있는 모 습 그대로 보여주실 수 있다"는 말씀이 가슴을 치는군 요. 제가 '참다운 사람'이 되지 못했기에 하나님의 음성 을 듣지 못했다라는 자책감도 듭니다.

루이스　겸손의 말씀이십니다. 그런 인식을 하고 계시다는 자체가 이 선생님이 정직한 분이라는 것을 증명합니다. 정직함이 중요합니다. 부정직한 가운데 교회에 출석하는 것보다 교회에 가지 않더라도 정직한 마음으로 하나님을 소망하는 편이 훨씬 더 그리스도인답다고 할 수 있습니다.

　주님이 원하시는 것은 우리의 행위나 종교의식이 아니라 정직한 우리 자신들입니다. 끊임없이 부정직해지고 자기 유익을 구하는 자아를 죽이지 않고서는 정직해질 수 없습니다.

나　　정말 중요한 말씀이네요. 나의 자아를 죽여라!

루이스　주 하나님이 나에게 원하시는 것은 시간이나 돈이 아닙니다. 나의 전부입니다. 하나님이 원하시는 것은 다른 게 아닙니다. 바로 나 자체입니다. 그분은 나를 원하시죠. 그러기에 그분은 나의 자연적 자아를 괴롭히는 수준이 아니라 죽이려 하시는 것입니다. 여기저기 나뭇가지를 쳐 내는 미봉책이 아니라 나무 자체를 아예 뽑으려 하십니다. 나의 자연적 자아 전부를 하나님이 준비하신 새로운 자아로 바꾸려는 것입니다.

그분이 주시는 새로운 자아는 살아 있는 생명 넘치는 자아입니다. 그렇게 된다면 내가 그분 안에, 그분이 내 안에 거함으로써 하나님의 뜻이 곧 나의 뜻이 되는 놀라운 기적을 맛보게 됩니다.

2부
—
기독교는 종교가 아니다

공간의 종교와 시간의 종교

이어령 좀 더 일찍 루이스 선생님을 만났더라면 저의 믿음의
지평이 넓어졌을 것이라는 생각이 드네요. 그래요. 미
봉책으로는 문제를 해결할 수 없습니다. 완전히 밭을
갈아엎어야지요. 나의 자연적 자아 전부를 하나님께 드
릴 때, 그분의 뜻대로 이 땅을 살 수 있다는 말씀에 전
적으로 동감합니다.

아까 '공간의 교회'란 말이 나왔는데요, 우리 모두는
이번 팬데믹을 거치면서 공간과 시간에 대한 생각을 많
이 했습니다. 보이는 교회의 문이 정말 닫힐 수도 있다
는 사실을 모두가 경험했습니다. 그것은 신자들에게는
놀랍고 당혹스러운 경험이었습니다.

사실 지금까지 우리의 모든 사고는 공간 속에 함몰되
었습니다. 공간을 지배하며, 공간의 사물을 획득하는
것이 우리의 최대 관심사였습니다. 대표적인 공간의 산
물이라고 할 수 있는 부동산에 사람들이 얼마나 목을
매었습니까? 교회도 마찬가지였습니다. 공간을 벗어나
지 못하면서 시간 속에 거하시는 초월적이며 영원한 하

나님을 놓쳤습니다. 하나님을 공간 속에 가둬버린 것입니다.

나 맞습니다. 정말 이번 팬데믹을 거치면서 사람들의 사고에 일대 전환이 이뤄진 것 같습니다. 교회가 잠시지만 닫혔던 것은 너무나 큰 충격이었습니다. 그러나 그것으로 인해 전 세계 사람들이 인터넷 공간에서 함께 예배 드릴 기회를 얻기도 했습니다. 공간을 초월하게 된 것이죠. 그것이 긍정적일지, 부정적일지는 훗날 판명될 것입니다.

이어령 하나님은 우리가 생각하는 공간에만 머무시는 분이 아닙니다. 하나님은 영원한 시간 속에 계시는 분입니다. 유대인 랍비 중에 아브라함 요수아 헤셸이란 분이 계십니다. 헤셸은 "우리는 시간을 성화하기 위해 공간을 정복해야 한다"면서 "하나님은 공간의 사물 속에 계신 것이 아니라 시간의 찰나 속에 계신다"고 말했습니다. 그러면서 "우리의 과제는 시간을 영원으로 변화시키고 우리의 시간을 영(靈)으로 가득 채우는 것"이라고 덧붙였습니다.

2부 기독교는 종교가 아니다

이제 온라인 예배와 오프라인 예배는 병행해서 갈 것입니다. 이것은 거스를 수 없는 시대의 흐름이라고 할 수 있습니다. 그렇다면 장점을 찾아야 합니다. 분명 좋은 점도 있습니다. 어떤 면에서 교회라는 공간에만 머물던 우리의 사고는 온라인으로까지 확장되었습니다. 결코, 나쁘다고만은 할 수 없습니다.

더구나 지금 MZ 세대를 핸드폰을 몸 안의 장기처럼 갖고 다닌다 해서 '포노 사피엔스'(Phono Sapiens)라고 부르고 있잖아요. 그들이 생각하는 인터넷 공간의 세계는 기존 세대가 생각하는 것과는 차원이 다를 것입니다. 잘 활용해야지요.

나   이 선생님의 책 가운데 '디지로그'(Digilog)(생각의 나무)가 있습니다. 출간 연도가 2006년이니까 상당히 오래전에 나온 책이지만 혜안이 돋보이는 책입니다. 디지로그는 디지털과 아날로그의 합성어로 아날로그 사회에서 디지털로 이행하는 과도기, 혹은 디지털 기반과 아날로그 정서가 융합하는 시대의 흐름을 나타내는 용어입니다.

한때 혁명으로까지 불리며 떠들썩하게 등장했던 디

지털 기술은 그 부작용과 단점을 보완하기 위해 다시 아날로그 감성을 불러들였죠. 첨단 디지털 제품에 인간적인 감성과 정서를 담은 상품 마케팅으로 각광 받는 디지로그는 휴대폰과 같은 유형의 최신 자본 시장에서부터, 정치, 사회 리더십이나 기업의 매니지먼트, 스포츠 전략과 같은 무형의 시장에까지 감성마케팅의 새로운 유형으로 적용된 지 오래입니다.

온라인과 오프라인의 융합은 이제 대세인 것 같습니다. 유튜브와 페이스북, 인스타그램을 통해 소통은 물론 사업을 펼치는 것은 너무나 당연하게 됐지요. 이 선생님이 디지로그를 쓴 이후로도 혁명과 같은 변화들이 전개됐습니다. 인공지능(AI)과 로봇도 실생활에 빠르게 적용되고 있습니다. 그런 점에서 보면 온라인과 오프라인 예배로 구분하는 것은 구시대의 발상이라는 생각이 듭니다.

이어령   저는 디지로그에서 당시 IT시대가 도래하면서 나타난 아날로그와 디지털 문명의 분열을 걱정하며 그 대안으로 디지로그 융합론을 선보였습니다. 세대 간, 계층 간, 빈부 간 격차를 넘어 진정한 사회 통합을 이뤄낼 대안

들을 담았지요. 의식구조, 생활, 지식, 경제, 커뮤니케이션 등 모든 문명의 변화를 저 나름대로 읽어내 앞으로 나아갈 방향을 제시하려 했습니다.

IT 시대를 넘어 AI 시대라고 할 수 있는 오늘의 무대에서 진정한 리더가 되기 위해서는 '디지털+아날로그'의 디지로그적 시대정신이 필요합니다. 최첨단 기술만으로, 최고의 힘과 두뇌만으로, 혹은 단순히 산뜻하고 콤팩트한 외적 이미지만으로는 세계를 리드할 수 없습니다. 거기에 어떤 콘텐츠를 담고 어떤 사용자 친화적인 옷(Ware)을 입히는가가 중요하죠. 전문적인 내용이기에 여기서 더 자세히 언급할 필요는 없을 것 같습니다.

다시 공간과 시간이란 주제로 돌아가면 우리는 영원한 시간 속의 찰나적 공간에 대한 생각을 끊임없이 해야 합니다. 물론 '찰나적'이란 말은 하나님의 관점에서 본 것일 수 있지만 영원을 생각할 때, 대부분의 것들은 찰나적이죠.

공간이 필요 없다는 말은 아닙니다. 공간은 중요합니다. 공간을 통해서 우리의 사고가 형성될 수 있습니다. 다만 공간을 영원한 시간의 흐름과 융합시키는 것입니다. 디지로그처럼요. 그러면 우리는 공간을 통한 사물의 지배로부터 벗어나 영원의 관점에서 모든 것을 바라볼 수 있게 됩니다. 이것은 디지털 시대, 인공지능의 시대를 살아가는 데 있어서 너무나 중요합니다.

루이스 저는 상대적으로 구시대라서 그런지 디지털과 아날로그, IT와 인공지능에 대해서는 어렴풋하게만 이해할 수 있습니다. 그러나 어떤 시대에도 새로운 형태의 기술 문명이 탄생하고 새로운 정보가 유입됩니다. 사람들은 그런 새로운 문명과 정보에 환호하지요. 그러면서 기존에 간직한 삶과 지혜, 지식을 잃어버리곤 합니다.

시인이자 작가였던 T.S. 엘리엇은 이렇게 노래하듯 말했습니다. "생활 속에서 잃어버린 우리의 삶은 어디에 있는가. 지혜 속에서 잃어버린 우리의 생활은 어디에 있는가. 지식 속에서 잃어버린 우리의 지혜는 어디에 있는가. 정보 속에서 잃어버린 우리의 지식은 어디에 있는가."

모든 시대마다 '정보화시대'라는 이름의 새로운 물결이 유입됩니다. 엘리엇이 말한 대로 정보화시대를 살아가면서 우리는 생생한 삶과 지혜, 지식을 잃어버리곤 합니다. 이 선생님은 "양자택일적인 선형적 사고에서,

2부 기독교는 종교가 아니다

모순되는 두 개의 '이것과 저것'(both A and B)을 모두 포용하는 순환적 사고로 가야 한다"고 말하셨지요?

저는 이 선생님의 주장에 100% 동의합니다. 우리는 끊임없이 선택을 강요당하며 살았습니다. '이것이냐, 저것이냐'(either A or B) 가운데 하나를 택해야 했습니다. 그 선택에 따라 인생과 운명이 결정되지요.

그러나 그 선형적 사고로서는 우리는 광대한 하나님의 세계를 맛볼 수도, 이해할 수도 없습니다. '이것이냐, 저것이냐'의 사고에서 '이것과 저것 모두'(both A and B)의 사고로 전환할 때, 우리의 세계는 훨씬 더 넓어질 것입니다.

나 어차피 세상은 끊임없이 변화하고 있습니다. 진보를 향한 변화는 좋은 것이겠지요. 그러나 변화가 언제나 긍정의 엔트로피를 향해 나아가지만은 않습니다. IT와 AI가 편리함을 주고 있지만 역기능도 많습니다.

이 선생님은 보(報)만 있고 정(情)은 없는 정보화(情報化)시대에 아날로그적인 정(情)을 추가해야 한다고 하셨지요. 정말 맞는 말입니다. 이제는 인공지능의 시대라고 하잖아요. 아마 루이스 선생님은 이해하기 힘들

겠지만 지금은 TV도 말로 켜는 세상입니다. 가전제품
마다 알라딘의 마술 램프 속의 지니와 같이 말하는 대
로 행하는 척척박사 비서가 장착되어 있습니다. 가령
"지니야, TV 틀어줘"라고 말하면 손가락 하나 까닥하
지 않고 TV를 켤 수 있습니다.

루이스 저로서는 상상도 못한 세계이군요. 이해도 잘 되지 않
습니다.

나 그러실겁니다. 선생님이 사시던 시대와는 완전히 다른
세상이 되었답니다. 이런 변화의 속도는 무섭습니다.
앞으로는 인공지능 로봇이 우리의 많은 것을 대체할 것
이라고 합니다.

수년 전, 인공지능 알파고와 이세돌 9단의 바둑 대결
에서 알파고가 압승했습니다. 인공지능의 학습 능력은
무시무시해 이제는 어떤 천재 기사도 AI 기사를 이길
수 없습니다. 아마 AI 설교자가 강해설교를 한다면 그
내용 자체는 마틴 로이드 존스, 스펄전 목사님 등 역대
최고 설교자들의 메시지를 능가할 것입니다. 인공지능
설교자는 기독교가 생긴 이후의 모든 자료들을 섭렵해

최고로 조직화 된 강해설교문을 작성할 것이니까요.

생각해봅니다. 이런 시대에서 '인공지능을 능가할 수 있는 인간의 무기'는 무엇인가를요. 이 선생님은 한국 문화의 원형을 조화와 화합, 상대방에 대한 배려와 균형으로 요약하면서 한국인의 디지로그 파워가 미래를 이끌 수 있다고 하셨습니다. 조화와 화합, 배려와 균형은 인공지능이 장착하기 힘든 요소일 것입니다. 인간다움, 믿음, 헌신 등도 인간만이 간직할 수 있는 아날로그적인 특성입니다.

이런 것, 그러니까 IT와 AI 등의 디지털과 아날로그를 대립하는 것이 아니라 융합하는 것으로 활용하는 것이 중요할 것입니다. 대립하는 두 세계를 균형 있게 통합시켜야 한다는 것이지요. 온라인 예배와 오프라인 예배에 대해 말하다 좀 대화의 주제가 넓어진 것 같습니다.(하하)

다시 믿음의 영역으로 들어가 볼까요? 이 세상에는 다양한 것들이 혼합되어 있습니다. 물질의 차원이 아닌 절대성이라는 측면에서도요. 이런 다양함이 혼재된 속에서 우리는 어떻게 믿음의 영역으로 들어갈 수 있습니까?

기독교는 종교가 아니다

루이스   말씀하신 대로 우리가 살고 있는 이 세계에는 다양한 것들이 혼재되어 있습니다. 한 방향으로만 가지 않습니다. 이런 가운데서도 사람들은 절대적인 가치를 추구합니다. 사실 모든 것은 상대적입니다. 우리의 세계를 악하다고 보는 사람들이 있는 반면에, 정의롭다고 보는 사람들도 있습니다.

악하다고 할 때, 그 악함은 무엇인가요? 정의롭다고 할 때, 그 정의로움은 무엇을 의미합니까? 세상에는 사랑만 있는 것이 아니라 미움과 증오, 용서가 혼재되어 있습니다.

사랑이 무엇입니까? 또한 미움은 무엇입니까? 절대성이란 관점에서 이것들 하나하나를 정확히 정의하기 어렵습니다. 인간은 사랑하면서 미워하고, 증오하면서도 용서하기를 반복합니다. 그러니까 악과 정의, 사랑과 미움, 용서 등은 제각각 반복적으로 작동하는 것이지요. 이것들은 인류 역사가 시작된 이래로 지속되어 왔습니다. 인간은 혼돈과 공허 속에서 허우적거리다가도 창조와 생명, 사랑 안에서 평안함을 누리기를 반복했습니다.

그런데 이 땅의 역사에서 정의와 악, 증오, 사랑, 용서가 하나로 수렴된 곳이 있었습니다. 그곳이 바로 갈보리 언덕의 십자가입니다. 그 십자가에서 '예수 그리스도'라는 인간이며 신인 분이 모든 것을 부둥켜안으셨습니다. 그 십자가에서 생명과 사랑, 용서가 악과 증오를 감싸 안았습니다.

나   맞습니다. 십자가에서 모든 것들이 수렴되었지요. 2천년 전에 일어났던 그 십자가 사건은 오늘날 살아가는 그리스도인들에게도 늘 새롭게 다가옵니다. 십자가는 우리 신앙의 핵심이며 성도들 삶의 능력의 근원입니다!

루이스   친히 십자가에 달리신 주 예수 그리스도는 너무나도 의로우신 분이십니다. 본인만 의로우실 뿐 아니라 이 땅 모든 사람들을 의롭게 하실 수 있는 분입니다. 자신의 생명을 주실 정도로 우리를 너무나 사랑하신 분, 그래서 죽는 순간까지 "아버지, 저들을 용서하소서, 저들이 하는 일을 저들도 알지 못하나이다"라고 말하신 분입니다. 혼돈과 공허 속에 있는 사람들에게 "내가 곧 길이요, 진리요, 생명이다"라고 말씀하신 분입니다.

질문하신 대로 다양성이란 이름 아래서 온갖 것들이 혼재된 이 땅에서 믿음의 영역으로 들어가기 위해서는 바로 예수 그리스도라는 한 사람을 알고, 구주로 받아들여야 합니다. 그분을 알고, 받아들일 때만 우리는 인생의 답을 찾게 됩니다. 그전까지는 그저 답 없는 답을 향해서 나아갈 뿐입니다. 그분 없이는 결코 답을 찾을 수 없습니다. 인생에서 예수 그리스도를 찾아야 제대로의 삶을 살 수 있단 말입니다. 주 예수 그리스도가 인생의 답이라고요!

이어령   기독교는 절대자이신 하나님과의 만남을 전제로 하는 종교입니다. 믿음의 대상이신 그분과의 만남 없이 기독교나 믿음에 대해서 이야기 할 수 없는 것이죠. 무신론자였을 때부터 이와 같은 견해를 가졌습니다. 기독교뿐 아니라 다른 모든 종교도 믿음의 대상과의 어떤 관계성을 전제로 이뤄집니다. 믿음의 대상이 없는 종교는 있을 수 없습니다. 문제는 만남인데, 글쎄 그게 쉽지 않더라고요. 제가 추구한다고, 애를 쓴다고 되는 것이 아니었어요.

　제 딸 이민아 목사는 기독교는 만남의 종교라는 사실을 저에게 확실히 각인시켜줬습니다. 저보다도 먼저 이 땅을 떠난 민아는 정말 예쁘고 똑똑한 아이였어요. 어린 시절부터 명민했지요. 제가 늘 자랑하면서 다녔는데 딸애는 영문과와 불문과를 복수 전공하며 대학 전 과목을 스트레이트 A를 받으며 3년 만에 조기 졸업했습니다. 미국에 가서는 검사가 되었고요. 그러다 어느 날 갑자기 목사가 되어 나타났습니다. 당황했습니다. 그러나 저와 아내는 딸을 지극히 사랑했기에 모든 것을 받아들일 수 있었습니다.

나　이민아 목사님은 정말 명민하면서도 사랑스러운 여인이셨지요. 모든 이들을 사랑하고, 모든 이들의 사랑을 받은….

이어령　지성과 영성의 문지방에서 서성거리던 시절, 미국에 있던 민아로부터 전화 올 때가 있었습니다. 지금은 카카오 보이스톡을 비롯한 각종 무료 통화 기능이 보편화됐지만 그때만 해도 국제 통화료가 만만치 않았습니다.

오랜만에 민아의 전화를 받으면, 그 애는 언제나 장시간 하늘 아버지에 대한 이야기를 내게 해줬습니다. 민아와 하나님, 예수님의 관계가 얼마나 친근감 넘치는지 육신의 부녀관계는 도저히 상대되지 않는 듯이 보여 속상하기도 했습니다. 하나님, 예수님, 성령님에 대해 이야기를 할 때에 수화기 너머 민아의 목소리는 활기가 넘쳐흘렀습니다.

특별히 하나님의 음성에 대한 이야기를 많이 했습니다. 아무리 지성 넘치는 석학소리를 듣더라고 하나님의 음성을 듣지 못한다면 그 모든 지성이 아무 소용이 없다는 소리를 귀에 못이 박이도록 들었습니다. 사람들을 전도한 이야기, 훌륭한 목사님에 관한 이야기 등도 많았지만 성경에 대한 이야기와 하나님 이야기가 민아의 단골 주제였습니다.

하늘 아버지에 관해 이야기를 할 때마다 이민아 목사님의 눈은 반짝거렸고, 목소리는 감동에 젖었습니다. 매번요. 아마 이 목사님을 한 번이라도 만났던 분들은 이런 느낌을 가지셨을 거예요. 아직 뵌 적이 없는 분들께는 인터넷상에 떠다니는 이민아 목사님의 설교를 들어

2부 기독교는 종교가 아니다

보시기 권해드립니다.

이어령 그렇게 말씀해주시니 위로가 됩니다. 루이스 선생님이 갈보리 십자가에 달리신 예수 그리스도 안에서 사랑과 증오, 악과 정의라는 절대성이 하나로 수렴되었다며 그분을 만나야만 인생의 정답을 알고 제대로의 길을 갈 수 있다셨는데요, 분명히 민아는 하나님과 주 예수 그리스도를 만난 것이 분명해 보였습니다.

민아의 삶은 결코 간단치 않았습니다. 암에 걸려 투병해야 했었고요, 아들은 ADHD(주의력결핍 과다행동장애)로 학교도 제대로 다니지 못하다 끝내 일찍 이 땅을 떠났습니다. 분명, 그런 상황 속에서 절망하며 믿음의 대상에 대한 원망을 쏟아부었을 텐데 민아는 그러지 않았습니다. 그 안에서 위로를 받았고, 희망을 찾았으며 소명을 발견했던 것 같습니다. 분명 민아는 믿음의 대상이신 하나님 안에서 삶과 죽음을 뛰어넘는 참 구원을 발견했을 것입니다. 그러지 않고서는 그런 행동이 나올 수 없었으니까요.

저는 수없이 생각했습니다. '도대체 하나님, 예수님은 어떤 분이시기에 육신의 아버지는 도저히 해줄 수 없는 참된 위로를 민아에게 줄 수 있었을까?' 그러면서 자연스레 '나도 그분을 만나고 싶다'는 소망을 갖게 되었지요.

아마 누구나 저와 같은 소망을 갖게 될 거예요. 굳이 예수님의 제자를 예로 들자면 저는 베드로나 바울과는 거리가 멀고, 손바닥의 못자국과 옆구리의 창자국을 보지 않고서는 믿지 못하는 의심 많은 도마와 같았습니다. 만나고 싶다는 갈망은 있지만, 이 땅에 있는 것들을 바라보면서 믿음의 세계로 뛰어들까 말까를 고민했지요. 갈망만 갖고 이 땅을 떠날 수도 있다는 생각을 그때 해보았습니다.

나 두 분의 이야기를 들으면서 "기독교는 종교가 아니다"라고 말했던 믿음의 사람들의 이야기가 생각납니다. 루이스 선생님이나 이어령 선생님과 같이 댈러스 윌라드 박사, 유진 피터슨 목사, 리처드 마우 박사, 조시 맥도웰 목사 등 기독 영성가이자 변증가들이 공통적으로 강조한 말이 바로 "기독교는 종교가 아니다"라는 것이었습니다. 그들 모두는 "기독교는 종교도, 라이프스타일도, 신념도 아니다. 그 이상의 어떤 것이다"라고 말했습니다.

　최근 몇 년간 한국 사회에서 디트리히 본회퍼 목사가 자주 거론되고 있는데요 그가 평생 강조했던 말이 "기독교는 종교가 아니다"라는 것이었습니다. 아시다시피 본회퍼는 1945년 4월 9일 교수형에 처해져 39세에 삶을 마감한 독일의 신학자이자 목사입니다. 히틀러의 나치에 대항해 크리스천으로서, 지식인으로서 끝까지 목소리를 높이다 짧은 생애를 마쳤습니다.

루이스　기독교는 종교가 아닙니다!

나　본회퍼는 "악을 보고도 침묵하는 것은 그 자체가 악"이라면서 행동하는 신학자로서의 삶을 충실히 살다 떠났습니다. 그가 교수형 당하기 직전 했던 "이것이 마지막이다. 그러나 나에게 있어서 새로운 삶의 시작이다"라는 말은 지금까지 많은 사람들에게 회자되고 있습니다. 비록 짧은 삶을 살았지만 그는 진정한 제자의 삶을 살아낸 행동하는 크리스천의 전형으로 남아 있습니다.

　본회퍼가 '행동하는 그리스도인'의 상징처럼 된 것은 바로 일찍부터 기독교는 종교가 아님을 알았고, 체험했기 때문이었습니다. 1928년 22세이던 본회퍼가 고등학생들에게 한 강연에 믿음의 본질이 들어 있습니다.

"기독교의 본질은 종교와 관계가 있는 것이 아니라 그리스도라는 인물과 관계가 있다. 종교는 죽은 것, 인간이 만든 것에 불과하다. 기독교의 핵심에는 전혀 다른 것, 바로 하나님 자신이 생생히 자리하고 있다. 기독교는 그분을 대면하는 것이다."

이어령 그렇습니다. 기독교는 예수님과의 만남입니다.

나 본회퍼는 "그리스도를 이해한다는 건 그리스도를 진심으로 받아들이는 것을 의미한다"며 "그것은 우리의 헌신에 대한 그분의 절대적 요구를 진지하게 수용하는 것을 뜻한다"고 말했습니다.

도대체 이 짧은 삶을 산 한 인간이 어떻게 지금의 하이테크 시대, 인공지능의 시대에까지 영향을 줄 수 있었을까요? 바로 그가 기독교는 종교가 아닌 하나님과의 만남이라는 사실을 알았기 때문이라고 생각합니다. 그래서 그는 그리스도를 알고, 부활의 능력을 믿는 믿음 가운데 그리스도의 고난에 동참하며, 그리스도처럼 죽을 수 있었습니다.

　이 선생님께서 따님이신 이민아 목사님에 대한 이야기를 해주셨는데요, 분명 이 목사님도 본회퍼 목사님과 같이 그리스도를 알고, 부활의 능력을 믿는 믿음 가운데 사셨을 것입니다. 그래서 죽는 날까지 빛나는 삶을 사셨던 것이지요.

루이스　본회퍼 목사님에 대한 이야기를 하시는데 가슴이 뜁니다. 믿음의 본질을 이야기할 때, 본회퍼 목사님의 경우를 빼놓을 수 없지요. 사실 본회퍼 목사님은 저와 동시대를 살았다고 할 수 있지만 저와는 비교할 수 없는 믿음과 용기의 사람이었습니다. 그야말로 '불꽃 같은 삶'을 사셨다고 할 수 있습니다.

　저는 본회퍼 목사님이 형장의 이슬로 사라진 이후에 지속적으로 그분을 생각했습니다. 믿음의 길을 걷기 힘들다고 여겨질 때는 그분을 떠올렸죠. 그러다 보면 다시 그 길을 떠날 수 있었습니다.

　본회퍼 목사님에게는 하나님의 관점에서 현실을 살아내는 것이 무엇보다 중요했습니다. 그에게 하나님을 떠난 현실, 하나님으로부터 벗어난 선은 결코 존재하지 않았습니다. 그리스도인은 "선하게 되려면 어떻게 해야 하는가"라는 질문이 아니라 "무엇이 하나님의 뜻인가"라는 완전히 다른 질문을 던져야 한다는 것이 그의 지론이었습니다.

나 유복한 가정에서 태어난 본회퍼 목사님은 평화롭게 피아노를 치고 신학적 담론을 즐기며 이 땅을 살다 행복한 노년을 거쳐 편안한 임종을 맞이할 수도 있었을 것입니다. 그러나 그는 진리를 알아버렸습니다. '잠시 가는' 이 땅에서 가장 소중한 것은 바로 "나를 따르라!"는 그분의 부르심에 순종하는 것이라는 사실을 알아버린 것이죠.

그는 생전에 "예수님은 십자가에서 세 가지를 하나님께 위탁했다"면서 "나도 정말 그러고 싶다"고 말했습니다. 그 세 가지는 생명과 업적, 명예였습니다. 오랜 신학적 성찰 끝에 그는 결론적으로 말합니다. "믿는 자만이 순종하고 순종하는 자만이 믿을 수 있다"라고요. 그렇습니다. 자아의 죽음을 선포하고 새롭게 태어나 그리스도의 옷을 입은 믿는 자만이 참된 순종을 할 수 있습니다.

2부 기독교는 종교가 아니다

이어령　생명과 업적, 명예를 내려놓기란 결코 쉽지 않습니다. 대기권에서 살고 있는 사람들에게는 지극히 어려운 일입니다. 대기권에서는 중력의 법칙이 적용됩니다. 생명과 업적, 명예가 우리를 끌어당깁니다. 그것을 벗어나 살기 어렵습니다.

　그러나 가끔 대기권을 벗어난 듯한 분들이 보입니다. 중력의 법칙을 거스르는 사람들, 마치 이 땅에서 하늘을 사는 것 같은 사람들 말입니다. 사실 제 딸 민아도 그런 부류의 사람이었습니다.

나　그렇습니다. 무심한 나날을 살다가도 중력을 벗어난 듯한 분들, 하나님의 영광을 경험한 듯이 보이는 분들을 보면 눈이 번쩍 뜨입니다. 요즘에는 더욱더 그런 분들을 만나고 싶은 마음이 강렬해집니다.

이어령　우리의 잠든 영혼을 깨우는 분들이 분명히 계십니다. 본회퍼 목사님은 저도 존경하는 분입니다. "기독교는 종교가 아니다"라는 말에 100% 동감합니다. 기독교는 종교가 아니라 하나님과의 만남인데, 요즘 시대에 교회에서는 종교만을 주는 것 같아 안타깝습니다.

꽤 오래전에 미국의 시사주간지 타임이 현시대의 종교 트렌드를 단순한 단어로 분석했습니다. 그것은 'Not religious, But Spiritual'(종교적이지는 않지만 영적인)이라는 말이었습니다.

나 요즘 사람들이 추구하는 바가 이런 것인 듯합니다. 종교는 거부하지만 예수님은 받아들이는 사람들이 늘어가는 추세입니다. 가나안 성도들도 어떤 면에서는 진정한 영적 만남을 추구하는 사람들일 수 있다는 생각도 듭니다.

이어령 본회퍼 목사님과 관련해 저는 우리 사회가 끊임없이 '지금 시대에 왜 본회퍼인가?'라는 질문을 던져야 한다고 생각합니다. 과연 이 시대에 누가 필요합니까? 신앙과 삶, 목회와 신학의 균형을 잃지 않는 사람, 생명과 업적과 명예를 내놓을 수 있는 사역자, 주의 말씀을 급진적(Radical)으로 믿고 순종하는 그리스도인들이 아닐까요?

본회퍼 목사님이 형장에서 했던 마지막 말씀은 저에게 큰 소망으로 다가옵니다. 딸을 먼저 보내고 많이 힘들었습니다. 그러나 그것이 마지막이 아니라는 것, 새로운 시작이라는 사실은 믿는 자가 아니면 도저히 표현할 수 없습니다. 제 딸도 비슷하게 생각했을 것입니다. 그래서 위로가 됩니다.

믿음 생활에서 절대로 인간을 의지하지 말라

나 기독교는 종교가 아니라 절대자와의 만남인데, 실제 삶에서는 매일 만나는 사람들이 우리 사고와 믿음에 많은 영향을 미치는 것이 사실입니다. 신앙생활을 하는 데 있어서 신실한 믿음의 공동체는 너무나 중요하고요.

독일 헤른후트란 마을에 가면 청교도적인 신앙을 지켰던 모라비안 교도들의 유산이 그대로 남아 있는데요, 핍박을 피해 고향 땅을 떠난 모라비안 교도들을 헤른후트에서 품은 진젠도르프 백작은 "공동체 없이는 기독교가 있을 수 없다"(There is no Christianity without community)는 말을 했습니다.

우리는 믿음 생활을 하면서 목사님을 비롯해 교회 중

직자들, 믿음의 선배들을 의지합니다. 그들의 믿음을 보며 보이지 않는 하나님이 살아 계시다는 사실을 확인합니다. 그럼에도 요즘 세상에서는 사람을 믿음의 인도자로 여기는 데에는 많은 어려움이 있는 것이 사실입니다. 성직자들에 대한 시선도 곱지 않고요.

지금 우리를 끌고 있는 것이 무엇인지 생각해보면 자기애(自己愛)가 아닐까 싶습니다. 자기를 사랑하는 현상은 기독교계 내부에서도 만연된 것 같아 안타깝습니다.

루이스 진젠도르프 백작은 우리 신앙의 소중한 선배이지요. 지금 시대에 우리에게 필요한 영성 가운데 하나가 '모라비안의 영성'이라고 생각합니다. 저도 모라비안들의 유산이 살아 있는 헤른후트에 꼭 가보고 싶었지요. 그곳에서는 '어떠한 어려움이 닥치더라도 주 예수 그리스도를 반드시 만나고야 말리라'고 다짐하며 행동했던 모라비안 교도들의 믿음의 삶을 엿볼 수 있다고 들었습니다.

진젠도르프 백작과 모라비안 교도들은 주님과 동행했을 뿐 아니라 믿음의 사람들과 동행했습니다. 비록 인간이 모인 곳이라 갈등도 적지 않았지만, 그들은 결코 공동체를 포기하지 않았습니다. 그렇습니다. 믿음 생활은 함께 하는 것입니다. 그래서 하나님을 믿는 믿음의 공동체가 중요합니다. 교회가 그런 공동체이지요. 교회뿐 아니라 주의 이름으로 모이는 어떠한 모임을 통해서도 우리는 작은 예수가 되어 서로를 섬기며 이 땅에서 천국을 이룰 수 있습니다. 그래서 성경에 "모이기를 회피하지 말라"고 기록되어 있는 것이겠지요.

그러나 공동체를 이루는 것과 인간을 의지하는 것에는 큰 차이가 있습니다. 믿음 생활에서 주의해야 할 사항 가운데 하나가 인간을 의지하면 절대 안 된다는 것입니다. 인간은 믿음의 대상이 될 수 없습니다.

믿음 생활을 하면서 사람을 의지한다면 유일한 믿음의 대상이신 하나님께 제대로 가기 어렵습니다. 왜냐하면 사람을 의지하면 머지않아 실망하게 되고, 그것으로 인해 하나님에 대한 믿음마저 저버리게 될 가능성이 커지기 때문입니다. 인간은 믿음의 대상이 아니라 사랑해야 할 대상이라는 사실을 언제나 기억해야 합니다.

나　우리는 매주 교회에 가서 신앙생활을 하며 목사님의 설교를 듣습니다. 교회라는 시스템에서 목회자, 특히 담임 목회자의 영향력은 절대적입니다. 인생에서 좋은 교회와 좋은 목사님을 만나는 것만큼 중요한 것은 없다고 봅니다.

어떻게 보면 인생의 방황은 좋은 교회와의 만남을 통해서 종식될 수 있다고 봅니다. 거기서 생명의 주님을 만날 수 있기 때문입니다. 그러나 현실적으로는 목회자도 인간인지라 연약한 점들이 많습니다. 담임 목회자를 의지하다가 실망하게 되어 결국 교회를 떠나는 사람들도 있습니다. 현실과 이상 간의 괴리는 분명히 있는 것 같습니다.

루이스　저는 아무리 훌륭하고 현명한 사람이 있다 할지라도, 그가 목사건 장로건 상관없이, 그 어떤 사람에게도 믿음 전체를 걸어서는 절대로 안 된다고 말하고 싶습니다. 우리가 의지하고 믿음 전체를 걸어야 할 유일한 분은 하나님의 아들 주 예수 그리스도이십니다. 진짜가 우리 옆에 계십니다. 태양을 본 사람은 아무리 빛이 밝더라도 전구에 만족하지 못합니다. 태양을 놔두고 전구에 인생을 걸 사람은 아무도 없겠지요.

마찬가지입니다. 진짜 하나님의 아들이 계십니다.

그분이 우리를 자신과 같은 존재로 바꾸기 시작하셨습니다. 그분은 우리에게 자신과 같은 생명을 넣어주고 계십니다. '넣어주심'에 대해서 깊이 생각하시기 바랍니다.

생명과 관련해선 우리에겐 주도권이 전혀 없습니다. 길이요, 진리요, 생명이신 그분만이 인간들에게 생명을 '넣어주실 수' 있다고요. 생명을 넣어주시는 분을 의지해야 하지 않겠습니까? 똑같이 넣어주심을 받는 인간을 의지할 이유는 하나도 없습니다. 우리 옆의 사람들은 누구나, 그들이 아무리 뛰어난 인물이더라도 제한적이며 유약한 존재일 뿐입니다.

신실한 크리스천이었던 파스칼의 말대로 '인간은 흔들리는 갈대'일 뿐입니다. 흔들리는 갈대에게 당신의 모든 믿음을 걸어서야 되겠습니까? 결코 그럴 수 없습니다!

이어령　루이스 선생님의 말씀에 전적으로 동감합니다. 인간은 믿음의 대상이 될 수 없지요. 오직 하나님만이 우리가 믿어야 할 대상임이 분명합니다. 인간은 본질적으로 사랑해야 할 대상입니다. 사람들과의 동행에 관해서는 제가 할 말이 많습니다.

한 번은 어떤 인터뷰에서 "선생님은 성공한 인생을 사셨습니까?"라는 질문을 받은 적이 있습니다. 저는 그 질문을 받고 잠시 생각을 멈출 수밖에 없었습니다. 남들은 '이어령' 하면 성공했다고 할지도 모릅니다. 문필가로, 교수로, 장관으로 활동했으니 세속적인 의미에서 성공했다고 할 수 있을 겁니다. 그러나 저는 실패한 인생을 살았습니다. 이것은 절대 겸손이 아닙니다. 그것을 항상, 절실히 느끼고 있습니다.

제가 '인생 실패'를 선언하게 된 것은 동행자가 없었기 때문입니다. 그러면 또다시 질문이 나올 것입니다. "당신같이 화려한 삶을 산 사람에게 어찌 동행자가 없었겠는가? 수많은 사람들이 당신을 추종하지 않았는가?" 그렇게 보일 수 있겠지요. 그러나 솔직히 제게는 친구가 없었습니다. 그래서 제 삶은 실패했습니다. 혼자서 나의 그림자만을 보면서, 동행자 없이 숨 가쁘게 여기까지 달려왔습니다. 더러는 동행자가 있다고 생각했지만 나중에 보니 모두 경쟁자였습니다.

물론 가족이 있지요. 그러나 가족은 기본적으로 주어진 것입니다. 저는 제가 선택하고 창조한 인간관계에서 실패했다고 생각하지만 어떻게 보면 생래적으로 주어진 가족 관계에서도 실패했을지 모릅니다.

나　지금 말씀하신 부분은 기록문화연구소의 유튜브에 나와 있습니다. 솔직하게 말씀해주시는 모습 자체가 감동이 되었습니다. 영상에는 수많은 댓글이 달렸는데요 "진정한 삶이 무엇인지 큰 울림을 주었다"는 내용이 많았습니다.

이어령　인생에서 동행자가 없었던 가장 큰 이유는 바로 제 자신 때문이었습니다. 누가 보아도 훌륭하다고 할 가족과 친구들이 있었지만 그들을 진정한 동행자로 맞이하며, 함께 걷고, 사랑하지 못했습니다. 결국 동행자가 없다는 것은 사랑에 실패했다는 의미가 아니겠습니까? 저는 사랑을 줘 보지 않아서 받지도 못했다고 스스로 판단했습니다.

　돌이켜보면 제 인생에는 징크스가 있었어요. 인생길을 가면서 마음을 다해 도와줬거나 자식처럼 여겼던 사람이 반드시 저를 배신하는 거예요. 그래서 어떤 사람이 저를 좋아하고 가까이하려 하면 두려운 마음부터 듭니다. '이 사람이 언제 나를 배신할까?'라는 두려움이 있었지요. 그런데 생각해 봅니다. 정말 제가 그 사람을 마음 깊이 사랑했다면 그가 저를 배신했을까요? 배신당했더라도 섭섭한 마음이 있었을까요? 사랑을 받지 못한 것은 제가 사랑을 주지 못했기 때문일 것입니다.

세례를 받고, 하나님에 대해서 깊이 묵상하며 그분께 다가가고 싶다는 마음의 소망이 커지면서 저는 하나님을 온전히 믿고 사랑할 때, 비로소 인간을 사랑할 수 있다는 생각을 하게 됐습니다. 제게 일종의 '사랑 결핍증'이 있었던 것은 영원한 사랑의 근원이신 하나님을 제대로 만나지 못했기 때문이라는 생각이 들었습니다. 주 예수 그리스도만이 우리가 붙들고 의지해야 할 존재라는 말씀에 어찌 토를 달 수 있겠습니까.

자존자(自存者)와 의존자(依存者)

루이스   말씀을 들으면서 거듭 이 선생님은 참으로 솔직하고 겸손한 분임을 확인하게 됩니다. 자신의 상태에 대해서

2부 기독교는 종교가 아니다

그렇게 정직하며 정확하게 인식하고 고백하는 분은 많지 않습니다. 적어도 선생님 같은 조건에서는 더욱 그렇지요. 많이 배우고 있습니다.

그런데 이 선생님은 결코 실패자가 아닙니다. 스스로 그렇게 말씀하시는 것은 겸손의 발로지요. 완전한 성공을 꿈꾸며 끝까지 우상향하는 성숙의 인생을 향해 나가는 이 선생님 같은 분들에겐 실패마저도 성공의 밑거름으로 바꾸는 능력이 있는 것 같습니다.

우리가 하나님의 진짜 아들인 주 예수 그리스도를 전적으로 의지해야 할 이유는 그분이 생명을 넣어주시는 분이기 때문이라고 말씀드렸습니다. 저는 곧잘 양철 병정 인형과 살아 있는 인간에 대한 비유를 하곤 합니다. 양철 병정은 그야말로 양철로 만든 병정일 뿐입니다. 그것이 살아 있는 인간이 될 가능성은 이 땅에는 없습니다. 어떤 인간도 그런 변환을 가져오게 할 수 없습니다.

양철 병정이 진짜 인간이 되기 위해서는 '다시 태어나야' 합니다. 기독교적인 용어로는 '거듭남'이지요. 믿음의 영역에서 이 거듭남은 너무나 중요합니다. 우리는 거듭남의 비밀을 알아야 합니다. 거듭남, 즉 다시 태어

남은 신약성경 전체에 흐르는 주제입니다. 성경에서는 이를 '그리스도로 옷 입는 일', 혹은 '그리스도의 형상이 우리 안에 이뤄지는 일', '그리스도의 마음을 품는 일' 등으로 묘사하고 있지요.

나 '거듭남'(Born again)은 영적으로 다시 태어나는 것으로 중생이라고도 하죠. 예수님이 분명히 말씀해주셨고요. "사람이 거듭나지 아니하면 하나님의 나라를 볼 수 없느니라"(요 3:3)

루이스 그렇습니다. 거듭남은 신자들에게 너무나 중요합니다. 우리 믿음 생활의 목적은 양철 병정 같은 내 안에서 그리스도의 형상이 이뤄지는 것이고, 그리스도의 마음을 품는 것입니다. 이것을 누가 할 수 있겠습니까? 스스로 할 수 있습니까? 아닙니다!

　민음의 영역에서 자력갱생(自力更生)이란 있을 수 없습니다. 지금도 수많은 자기계발서들이 자력갱생을 외치고 있습니다. 세상의 심리학에서도 그것을 강조합니다. 불행히도 교회의 많은 이들, 심지어 목회자들도 그런 세상의 자기계발론, 심리학에 물들어 있습니다. 그러나 그것들이 양철 병정을 인간으로 거듭나게 하지 못합니다. 고작 인간을 '더 좋은 인간'으로 만들 뿐입니다.

그러나 본질적으로 죄에 빠진, 흔들리는 갈대보다도 더 유약한 인간이 더 좋은 인간이 된들 무슨 소용이 있단 말입니까? 조금 더 강한 갈대가 되었다고 바람에 흔들리지 않을 수 있겠습니까? 다 소용이 없습니다! 어떤 훌륭한 인간, 위대한 목사님도 할 수 없습니다. 우리를 거듭나게 하실 수 있는 분은 오직 주 예수님뿐입니다. 그러니 인간에게 내 믿음 생활을 걸고 맡길 수 있다는 헛된 생각일랑 하루빨리 버리시기 바랍니다.

나 맞습니다. 우리는 자존자(自存者)가 아니라 철저히 의존자(依存者)이지요. 인간은 하나님을 의존할 수밖에 없는 존재일 것입니다. 그러나 저는 계속 현실론을 말하지 않을 수 없습니다.

무엇보다 주 예수 그리스도는 보이지 않습니다. '보이지 않는' 예수님보다는 내 옆에 있는 '보이는' 사람들을 의지하게 되는 것은 자연스러운 현상이 아닐까요? 어려울 때 도와준 선한 사람들에게 감사를 표하며 그들을 의지하게 되는 것은 당연한 일일 것입니다. 더구나 그 선한 사람들이 크리스천일 경우에는 믿음 생활 자체를 그들에게 의지할 수밖에 없습니다. 이것은 그들에 의해서 컨트롤 당한다는 것과는 다른 차원입니다. 주님의 도움보다 선한 이들의 도움이 보다 더 현실적이지요.

물론 저는 루이스 선생님의 책을 대부분 읽었기에 이런 사람들에 대해 선생님이 어떻게 이야기하셨다는 것쯤은 알고 있어요. 선생님은 2차 세계대전을 직접 겪으셨지요. 그래서 그런 사람들을 전쟁의 와중에 "우리 식구들은 맨날 토스트만 먹으니까 빵은 떨어져도 상관없어요"라고 말한 사람과 다를 바가 없다고 말씀하셨겠지요. 맞습니다. 애초에 빵이 없다면 그것을 조리한 토스트는 나올 수 없는 법입니다. 그럼에도 주님이 제대로 보이지 않는다는 것인 문제입니다. 저만의 문제일까요?

루이스 (하하) '빵과 토스트의 비유'도 다 알고 계시는군요. 정말입니다. 믿음의 원천이 무엇인지를 알아야 합니다. 그리스도의 도움이 먼저입니다. 그분의 도우심이 없다

2부 기독교는 종교가 아니다

면 인간의 도움도 있을 수 없습니다.

태양과 전구에 대한 이야기를 했는데 전구는 빛을 낸다는 점에서는 비슷하지만 그 강도와 관련해선 태양과 비교할 수 없지요. 태양의 빛이 모든 빛의 원천입니다. 캄캄한 흑암 속에서 우리는 전구를 통해 빛의 존재를 압니다. 전구는 태양의 존재를 알려주는 거울, 혹은 태양을 전해주는 운반체라고 할 수 있습니다.

인간도 그렇습니다. 인간은 본인이 의식하건 하지 않건 다른 이들에게 그리스도를 비추어주는 거울이나 그리스도를 전해주는 운반인 역할을 합니다. 그런 거울과 운반인 역할을 하는 사람들에게 영향을 받는 것은 당연합니다. 더구나 그런 이들이 선한 사람들일 때에는 더욱 영향을 받지요. 그들에게 모든 것을 걸 수 있습니다.

그러나 진짜이신 주 예수님이 옆에 있을 때 그런 거울과 운반인 역할을 하는 이들은 소용이 없습니다. 진짜가 나타났기 때문입니다. 그 진짜에게 직접 가면 됩니다. 그럼에도 끝없이 믿음 생활에서 사람의 도움에 의지하면 진짜 하나님의 아들이 나타나도 지나칠 수 있습니다. 그분을 알아보아야 하는데 그만 알아보지 못하고 놓치게 되는 것이지요. 그것은 정말 피해야 할 사항입니다.

나   어느 날, 내 옆에 주님이 나타나셨는데도 몰라보고 지나친다면 정말 불행한 일이 아닐 수 없네요. 지금은 진짜가 주목받는 시대입니다. 그래서 도처에 '진정성'이란 이름의 상점이나 카페가 늘어나고 있는 것 같습니다. 진짜를 찾아야지요.

루이스   더구나 아무리 훌륭한 사람도 실수를 합니다. 본래적으로, 그리고 영원히 선한 이는 주 예수님 한 분뿐입니다. 그리고 인간은 한 사람의 예외도 없이 죽습니다. 사역이란 이름 아래 가장된 자신의 의가 있습니다. 그 의가 불쑥불쑥 튀어 오를 때, 사람들은 실망하게 되지요. 우리는 무수하게 그런 일들을 지켜보고 있습니다. 한때는 위대한 사역을 담당해서 수많은 사람들의 의지의 대상이 되었던 영적 지도자가 결국은 극심한 실망과 조롱의 대상이 되어버린 경우들이 얼마나 많습니까.

     물론 우리는 우리를 도와준 이들에게 감사해야 하며 그들을 존경하고 사랑해야 합니다. 그러나 그들, 결국은 실망하게 되고, 죽어 버리는, 모래와 같은 그들에게

2부 기독교는 종교가 아니다

우리의 믿음 전체를 걸거나 그 위에 집을 지어서는 안 됩니다.

지금 여러분은 무엇을, 누구를 의지하고 있습니까? 어디에 여러분의 집을 짓고 있습니까? 여기에 정직하게 답을 하는 것은 우리 인생에서 가장 시급한 일입니다.

나 정말 한마디 한마디가 모두 가슴에 들어오는 말씀입니다. "집은 반석 위에 지어야 한다"는 루이스 선생님의 말씀에 동감합니다. 주 예수 그리스도 위에 우리의 집을 지어야 하지요. 그리스도께 모든 것을 걸어야만 다시 태어날 수 있다는 말씀, 명심하겠습니다.

신약성경이 말하는 최종적인 결론이 '다시 태어나 그리스도로 옷 입는 것, 즉 거듭남이다'는 말씀으로 성경의 주제가 단번에 정리되네요. 감사합니다.

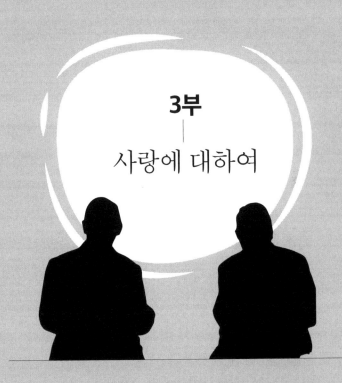

3부
—
사랑에 대하여

하나님의 '부어주시는' 사랑으로 사랑할 수 있다

나   이쯤에서 사랑에 대한 이야기를 나눠보면 좋겠습니다. 사랑은 우주에 흐르는 가장 강력한 파장이라고 할 수 있겠지요. 사랑이 우리를 이끌어 가고 있습니다. 그런데 이 시대에 사랑이란 단어만큼 추상화된 용어는 없는 것 같습니다. 도처에서 사랑을 노래하고, 사랑을 이야기하지만 정작 사람들은 사랑에 굶주려합니다.

  아까 이 선생님께서 동행자가 없다는 것은 사랑에 실패했다는 의미가 아니겠냐고 말씀하셨습니다. 또한 사랑을 줘 보지 않아서 받지도 못했다고 스스로 판단했다 하셨지만 이 선생님은 분명 사랑의 사람이시라는 생각이 듭니다. 가족들을 끔찍이 사랑하셨고, 마지막 순간까지 사람들을 사랑하셨기에 항암치료도 받지 않고 우리를 위해 글을 남기셨던 것 아니겠습니까?

이어령   그렇게 봐주시니 감사하네요. 루이스 선생님의 격려 말씀도 감사드립니다. 선생님은 본회퍼 목사님을 언급하시면서 '불꽃 같은 삶'을 사신 분이라고 하셨습니다. 불꽃 같은 삶을 산 사람이라고 할 때, 저는 1930년대 프랑스의 여성 사상가였던 시몬 베유가 떠오릅니다. 그녀는 기독교의 본질에 대한 깊은 성찰을 하며 모든 이웃들을 자신보다 더 사랑하려 애쓰다 34세의 나이에 요절했습니다. 짧은 인생이었지만 그야말로 불꽃 같은 삶을 살았습니다.

저는 그녀가 쓴 '중력과 은총'을 읽으며 많은 은혜를 받았습니다. 거기서 베유는 이렇게 말했지요. "두 힘이 우주에 군림하고 있으니 빛과 중력이다." 여기서 은총의 힘에 대해 말합니다. "영혼의 자연스러운 움직임은 모두 물질의 중력법칙과 유사한 법칙에 지배된다. 은총만은 예외이다."

나 시몬 베유의 '중력과 은총'에는 생각해 봐야 할 많은 문장들이 들어 있지요. 짧은 글 속에 담긴 깊은 의미가 놀랍습니다. 예를 들어 이런 것이죠.

"자기를 죽이는 두 가지 방법, 자살하는 것 또는 집착을 버리는 것." "'당신의 뜻대로 하소서'라고 말할 때마다 일어날 가능성이 있는 불행을 모조리 마음속에 그려

볼 것." "자기가 사랑하는 것, 자기가 사랑하는 사람을 떠올릴 때, 그것이 지금 눈앞에 보이지 않는다면 언제나 이렇게 상상할 것. 어쩌면 사랑하는 물건은 부서졌을지 모르고, 사랑하는 사람은 죽었는지도 모른다고."

이어령　네. 시몬 베유의 글은 정말 깊이가 있습니다. 꼭 읽어보시기 바랍니다. 저는 사랑이야말로 중력을 거스르는 행위라고 믿습니다. 사랑할 수 있는 것, 사랑받을 수 있는 것이야말로 은총이지요. 모든 사람들이 중력의 법칙에 영향을 받으며 살고 있습니다.

　자기를 사랑하는 것, 자기 유익을 구하며 사는 일반적인 삶은 모두가 중력 아래의 삶입니다. 대부분은 그렇게 살지요. 그러다 가끔 중력을 거슬러 사는 것 같은 분들을 만나게 됩니다. 중력이 아니라 사랑과 은총 아래 사는 사람들 말입니다. 그들에게는 빛이 나옵니다. 그 빛이 우리를 비추고, 중력 아래 살아가는 우리로 하여금 사랑하며 살게 합니다.

나　그렇습니다. 중력에 저항하며 다르게 살아가는 분들이 주변에는 분명히 계십니다.

이어령 저도 중력을 거슬러 사랑의 사람으로 살기를 소망했지
만 일상의 삶에서는 결코 쉽지 않았습니다. 사실 이 세
상의 시각으로 사랑에는 에누리가 없습니다. 준 것만
큼 받습니다. 설령 줬는데 받지 않았다 하더라도 그 사
랑을 준 기쁨은 반드시 보상을 받습니다.

저는 사랑의 사람은 될 수 없다고 생각했습니다. 그
러다 극심한 질병과 자녀 문제로 어려움에 처한 딸 민
아가 힘들어하는 것을 보면서 저도 모르게 눈물이 나
왔습니다.

사실 복받치게 눈물을 흘리는 것은 저답지 않은 행동
입니다. 그때 '어, 나에게도 이런 깊숙한 사랑이, 슬픔
이 있었구나'라는 생각이 들었습니다. 사랑을 발견한
것이지요. 70대가 되어 그것을 느꼈습니다. '좀 더 일
찍 알았더라면 얼마나 좋았을까' 하는 생각이 듭니다.

세례를 받고 말씀을 묵상하며 주님께 더 가까이 가려
소망하면서 인간의 사랑이 아닌 주님의 사랑을 갈구하
게 되었습니다. 인간의 사랑은 결코 절대적이지 않습니
다. 우리 모두는 이해관계에 처해 있고, 육신적 혹은 감
정적인 사랑은 짜릿하기는 하지만 영원히 지속되지 않
습니다. 이 세상에서 사랑을 찾으려 애를 쓸수록 공허

3부 사랑에 대하여

감은 깊어갑니다. 그것이 우리의 현실입니다.

저는 '사랑의 사막'이라는 표현을 곧잘 쓰는데요 사랑을 찾아 사막을 아무리 헤매더라도 사랑은 신기루처럼 멀리 보이지만 다가가면 사라집니다. 그렇게 갈증에 허덕이다 갑자기 오아시스를 발견합니다. 저는 사랑의 사막에서 결코 사랑을 찾기 어렵다고 포기하는 순간에 발견되는 오아시스야말로 인간의 사랑과는 차원이 다른 아가페적인 하나님의 사랑이라고 생각합니다.

나   이민아 목사님은 생전에 자신은 어느 순간부터 단 하나의 갈망만 갖고 살았다고 말했습니다. 그것은 사랑으로 가득 채워진 삶을 살겠다는 것이었습니다. 하나님의 자녀로 끝없이 사랑스러워지겠다는 갈망, 그 갈망이 이 목사님의 깊은 동경이었으며 하나님을 향한 간절한 탄원이었던 것 같습니다.

그는 어떤 경우에도, 자신을 적대시하는 사람이 있을지라도, 하나님이 머물게 하시는 곳에 머물며 오직 사랑으로 따르겠다는 소망을 가진 분이셨습니다. 사랑은 한다고 해서 이뤄지는 것이 아니라 하나님의 사랑이 먼저 '부어져야' 한다고 했습니다.

목사님은 생전에 간증할 때, 자주 로마서 5장 5절 말씀을 언급하셨습니다.

"이 희망은 우리를 실망시키지 않습니다. 하나님께서 우리에게 주신 성령을 통하여 그의 사랑을 우리 마음속에 부어주셨기 때문입니다."

하나님의 사랑이 부어지면서 이 땅 사람들, 특히 땅끝의 아이들에 대한 사랑의 마음, 사랑의 소망이 생겼다는 것입니다.

이어령 네. 민아는 그렇게 이야기를 많이 했습니다. 우리를 구원하는 것은 사랑밖에 없다면서 하나님의 사랑이 부어질 때만이 우리는 진정으로 사랑할 수 있는 것이라고요.

'엘리야의 영'에 대해서도 많이 말했지요. 주님의 영, 엘리야의 영이 우리에게 하늘 아버지의 사랑을 깨닫게 해주실 때에만 참사랑을 할 수 있다고 했습니다. 그 영 안에서 하나가 될 때, 개인의 고통과 서로의 찢긴 관계가 치유되며 각 세대 간의 화해가 일어난다는 것입니다. 그것이 자신에게 임한 가장 큰 구원이며 기적이라고 했어요.

루이스 선생님의 '네 가지 사랑'이란 책을 읽은 적이 있습니다. 거기 들어가는 말이 너무나 강력했습니다. "우리는 오직 하나님께만 드려야 할 무조건적인 헌신을 인간적 사랑에 바쳐 버릴 수 있습니다. 그러면 그 사랑은 신이 될 것입니다. 그리고 그것은 악마가 될 것입니다. 그러면 그것은 우리를 파멸시킬 것이며, 그 자신 또한 파멸될 것입니다. 왜냐하면 신의 자리를 허용받은 인간적 사랑은 사랑 그 자체로 남아 있을 수 없기 때문입니다."

하나님께 대한 사랑, 하나님이 부어주시는 사랑이 아닌 인간적인 사랑 자체는 신과 악마가 될 수 있다는 말씀이 참으로 와닿았습니다. '선물의 사랑'(Gift-love)과 '필요의 사랑'(Need-love)이란 용어도 창조하셨는데요 직접 설명을 듣고 싶네요.

루이스   네. 정말 우리를 구원하는 것은 사랑밖에 없지요. 그리고 그 사랑은 오직 하나님이 '부어주셔야' 받을 수 있습니다.

제가 선물의 사랑과 필요의 사랑을 구분한 것은 먼저 하나님의 사랑은 선물의 사랑이란 점을 강조하기 위해서였습니다. 성부 하나님은 성자 예수님에게 자신의 전 존재와 소유를 내어주십니다. 성자는 세상에서 죽기까지 희생함으로써 세상을 성부에게 되돌려드립니다. 인간으로서는 선물과 같은 사랑이죠.

그러나 필요의 사랑이 상대적으로 급이 낮은 사랑은 절대 아닙니다. 이 땅을 살면서 우리 모두는 스스로가 빈곤하며 유약한 존재임을 인식하고 성경에 나오는 세리처럼 모든 것을 지니신 하나님께 자신의 곤궁함을 아뢰며 구해야 합니다. 우리 필요를 아뢰는 것입니다.

나   결국 선물의 사랑과 필요의 사랑 모두가 우리에겐 필요하네요.

루이스   네. 하나님은 우리의 아버지이십니다. 아빠 하나님은 선물의 사랑을 주실 뿐 아니라 자녀들의 필요에도 사랑으로 응답하십니다. 여기서 반드시 주의해야 할 사항이 있습니다. 경우에 따라서는 사랑 자체가 신과 악마가 될 수 있다는 점입니다.

요한이 말한 바와 같이 하나님은 사랑이십니다. 그러나 사랑이 하나님은 아닙니다. 이것의 차이를 반드시 생각해야 합니다. 오직 하나님께만 드려야 할 무조건적인 헌신을 인간적 사랑에 바쳐 버릴 때, 그 사랑은 신이 되는 동시에 악마가 되는 것입니다.

나   "사랑은 신이 될 수도, 악마가 될 수도 있다"는 말씀은 깊이 새겨들어야 할 것 같습니다. 4가지 사랑에 대해서도 이야기 해주시죠.

루이스   4가지 사랑은 자연적 사랑으로 애정, 우정, 에로스, 자비 등 이 지상에 존재하는 사랑을 말합니다. 자연적 사랑은 일반적인 사람이 느끼는 감정으로 그 자체로는 존재할 수 없습니다. 그것보다 더 큰 무언가가 개입되어 그 자연적 사랑을 다듬어 주지 않은 한 모든 것은 그 자체로 악마가 될 수 있습니다.

애정은 사람들이 긴 세월 동안 함께 하면서 자연스럽게 생겨나는 사랑으로 좋을 수도 있고, 나쁠 수도 있습니다.

우정은 공통의 관심사를 공유하는 사람들이 함께 관계를 맺어가는 과정에서 발생하는 사랑입니다. 우정은 우리가 살아가면서 가장 덜 필수적으로 요구하는 사랑인데, 우정이 없어도 사는데 지장이 없는 것이 이를 뒷받침해주는 근거가 됩니다.

에로스는 흔히 말하는 남녀 간의 사랑으로 그 사람의 어떠함을 떠나서 그 사람 자체를 원하는 사랑을 의미합니다. 우리는 보통 초기 단계에서 대상의 어떠함 때문에 이성과 교제하지만, 초기 단계를 지나면 그 대상의 어떠함을 넘어 그 대상 자체를 원하게 됩니다.

자비는 위 세 가지 사랑에 하나님의 개입이 풍성해졌을 때 생겨나는 고차원적 사랑입니다.

나 정말로 전체 설명이 고차원적이네요. 제가 이해하기로 필요의 사랑은 우리의 빈곤에 대해 하나님께 부르짖는 것이고, 선물의 사랑은 하나님을 섬기려 하고 하나님을 위해 기꺼이 고난도 감수하려는 것입니다. '감상의 사랑'은 대상을 좋다고 판단하고, 일종의 의무감으로 그것에 주목하고, 설령 즐길 수 없다 해도 그것이 존속되기를 바라는 마음입니다.

말씀하신 4가지 사랑에서 하나님의 사랑과 가장 가까운 사랑은 에로스 사랑인 것 같습니다. 그것은 이후에 상처를 받을 수 있다는 사실을 알고 있음에도 시작을 감행하는 사랑이기 때문이죠. 진정한 사랑은 자기방어의 욕구를 버리고 기꺼이 위험을 감수하는 사랑이라고 할 수 있습니다. 루이스 선생님, 그렇지요?

루이스 (하하) 책에 쓴 내용 그대로입니다. 사랑에 대한 저의 생각입니다. 에로스의 사랑에서 반드시 생각해야 할 점은 거기에 어떤 고결성이나 숭고성을 부여하게 되면 그 자체가 우상이 될 수 있다는 것입니다. 물론 자신을 부인하고 상대를 사랑하는 것에서 사랑의 참된 의미를 찾을 수 있습니다. 그러나 그 자체가 우상화될 때는 결국 부정적인 결과를 초래할 수 있다는 점을 명심해야 합니다.

사실 인류 역사를 통해서 하나님이 아닌 모든 것은 우리에게 분열과 파멸만 가져다준다는 사실을 확인할 수 있습니다. 하나님과의 친밀함, 그분과의 동행 없이 대상에 의존하게 되면, 그 뜻과 행위가 아무리 좋고 헌신적이라 해도 결국 우상숭배하는 것과 같은 결과를 맞게 됩니다.

사탄은 인간 이해의 전문가입니다. 사탄이 이런 우리의 성정을 그냥 놓아둘 리 없지요. 그래서 자연적 사랑이 완성적인 사랑으로 가기 위해서는 하나님의 개입이 필요하다는 것입니다. 결국 하나님이 우리에게 사랑을 '부어주셔야만' 우리는 진정한 사랑을 할 수 있습니다.

이 선생님의 따님께서 말씀하셨다는 주님의 영, 엘리야의 영이 지금 우리에게 필요한 이유가 여기에 있습니다. 그 영이 우리에게 하나님의 사랑을 깨닫게 해주실 때, 우리는 참사랑을 할 수 있습니다. 아버지의 사랑, 그 다함 없는 사랑을 인식하며 그분과 하나가 될 때, 우리의 유약하며 한계 많은 사랑은 완성이 될 수 있다는 말입니다.

그래서 우리가 끊임없이 해야 할 일은 우리 마음 안에 하나님이 거하실 공간을 만드는 것입니다. 그분이 우리 안에 가득 찰 때, 더 이상 사랑이란 단어를 사용하지 않더라도 우리는 본질 자체가 사랑이며 선하신 그분의 형상을 닮은 사랑의 사람이 되는 것입니다. 그때, 이 땅 안에서 모든 것이 하나가 되는 역사, 깨어진 관계가 회복되는 역사가 일어나게 됩니다.

이어령 하나님의 사랑을 깨닫고 나서 저는 그분께 "당신의 무한한 사랑을 제게도 부어주십시오"라고 간구했습니다.

저는 제 안에 사랑이 없다는 것을 처절하게 깨달았습니다. 돌이켜보면 자기방어 기제가 너무나 강했습니다. 그래서 상처를 받으면서까지 앞으로 나아가는 사랑을 하지 못했습니다.

물론 가족을 위해서는 모든 것을 버릴 수 있지요. 그것은 이 땅을 사는 모든 아버지들은 감행할 수 있는 사랑입니다. 그러나 그 자체도 가족의 안전이라는, 어떻게 보면 나의 유익을 위한 행동이었습니다. 오랜 세월 동안 세상 사람들의 시선과 인정에 집착했습니다. 자기만족에 빠져 있었지요. 루이스 선생님이 말씀하신 에로스의 사랑이 제게는 부족함을 인정하지 않을 수 없습니다.

세례를 받은 이후에 하나님의 빛과 진리가 통과되는 삶을 살기 원했습니다. 그것이 딸 민아의 소망이었습니다. 그 빛을 통해 좀 더 하나님을 닮으며 그분의 사랑이 저를 통해서 발산되기를 원했습니다.

그러나 예수님을 향한 저의 사랑이 너무나 작았습니다. 내 자아가 파쇄되지 않은 가운데 혼적 사랑이 아닌 영적 사랑을 하기란 어려웠습니다. 인간의 사랑과 우정, 신뢰를 잃어버렸을 땐 나의 온 세계가 와르르 무너

지는 듯한 경험을 했지요. 한마디로 불안한 삶을 산 것입니다.

한 번은 새벽에 일어나 하나님께 기도를 드렸습니다. "주님, 저에게 사랑을 부어주십시오. 어떤 대가를 치르더라도 당신의 사랑으로 활활 타오르는 삶을 살고 싶습니다."

그것은 저의 진심이었습니다. 그러나 세상의 중력은 끊임없이 저를 잡아당겼어요. 그 사랑을 하려는 모험의 길을 떠나지 못하도록 막았어요. 그럼으로써 언제나 하나님의 나라를 생각하지만, 그 나라를 위해서 저의 피와 땀과 노력 등 온 힘을 바치지는 못했습니다. 저에게는 '사랑의 돌파'가 필요했습니다.

나 "아이고" 하는 소리가 절로 납니다. 사랑에 관해서는 누구나 자기반성이나 자기비판을 할 수밖에 없는 것 같습니다. 우리는 우리를 괴롭힌 모든 문제의 해결책을 알고 있는지 모릅니다. 사랑이 바로 해답인 것이죠. 자연적 사랑이 아니라 성부와 성령 하나님에 대한 개인적인 절절한 사랑이 해답입니다. 그 삼위 하나님께 대한 사랑만이 우리 삶의 동력이 될 것입니다.

그런데 정답 말고 솔직한 질문을 하고 싶습니다. 보다 근본적으로 우리는 정말 자기를 사랑하는 만큼, 아니 그 자기애를 뛰어넘어 사람들을 사랑할 수 있을까요? 자신보다 남을 더 사랑하는 일이, 그리고 보이지 않는 하나님을 사랑하는 일이 진실로 가능한 일일까요?

지금 도처에서 '사랑'이란 단어는 넘치게 사용되고 있습니다. 교회에서 첫 번째 듣는 말도 "사랑하는 성도 여러분"이라는 말입니다. 그런데 그 사랑이란 말이 사무치게 가슴에 와닿습니까? 솔직히 대부분의 경우에 그러지 않는 것 같습니다. '사랑'이란 단어가 너무나 추상적으로 사용되고 있기에 그 사랑의 본질을 느끼지 못하고 있는 것 아닌가 싶습니다. 차라리 "사랑한다"는 말을 하지 않는 편이 더 솔직하게 보일 것 같습니다.

내 안에서 사랑하려는 선한 마음과 함께 미워하는 악한 마음이 공존하고 있습니다. 사랑이 자라면서 미움이 줄어들어야 할 텐데 같이 증가하는 모순된 상황에 부닥치기도 합니다. 그래서 루이스 선생님께 사랑과 관련해 실제적인 질문을 하고 싶습니다.

보이지 않는 하나님을 어떻게 사랑할 수 있겠습니까? 그리고 도저히 사랑할 수 없는 내 이웃을 어떻게 사랑할 수 있습니까?

물론 주님의 영, 엘리야의 영이 와서 하나님의 사랑을 부어주시면 초자연적으로 사랑의 마음이 생길 수 있겠지만 아직 그 단계가 되지 않는 사람들이라면 어떻게 의지적으로라도 얄미운 내 친구, 사랑할 것이라고는 하나도 없는 이웃을 사랑할 수 있겠습니까? 무엇보다 사람을 사랑하기 이전에 하나님을 사랑하는 마음이 들지 않는데 어떻게 해야 합니까?

기독교적 사랑은 감정이
아니라 의지(will)다

루이스   그런 질문을 충분히 할 수 있습니다. 정직한 질문이지요. 저도 수없이 묻고 또 물었습니다. 앞서 저는 4가지 사랑에 대해서 이야기 했는데, 기독교적인 사랑은 감정이 아니라 의지(will)라는 생각입니다. 이러면 "사랑마저도 자력갱생 타령인가"라는 볼멘소리가 나올 수 있습니다.

물론 진정한 사랑은 하나님으로부터 그 마음이 부어져야 할 수 있는 것입니다. 그러나 그 부어짐을 느끼기 전이라도 사랑할 방법이 있습니다. 어떻게 보면 간단합니다. 우리의 의지를 발동시키는 것입니다.

기독교적인 의미에서 사랑은 감정이 아닙니다. 그것은 감정의 상태가 아니라 의지의 상태입니다. 우리 자신을 사랑하는 것, 즉 자기애는 자연적으로 가지고 있는 것이지만 남을 사랑하는 것에 대해서는 배우고 익혀야 하는 것입니다.

우리 모두에게 주어진 법칙은 아주 간단합니다. 자신이 이웃을 사랑하나 사랑하지 않나 고민하느라 시간을 낭비하지 마십시오. 그냥 그를 '사랑한다 치고' 행동하십시오. 그러면 곧 위대한 비밀 하나를 발견할 것입니다. 어떤 사람을 사랑한다 치고 행동하면, 얼마 지나지 않아 진짜로 그를 사랑하게 된다는 비밀 말입니다.

나   정말 좋은 방법이네요. 그 사람을 '사랑한다 치고' 행동하자! 그렇다면 사랑하지 못할 사람은 아무도 없게 되겠군요. 오늘부터 실천해야겠습니다.

루이스 그렇습니다. 여기 싫은 사람이 있다고 합시다. 그 사람에게 계속 상처를 주다 보면 그가 점점 더 싫어집니다. 그러나 본성적으로는 그 사람이 싫더라도 사랑한다 치고 선하게 대하면 점점 덜 싫어지게 됩니다. 이것은 인간사에 정확히 적용되는 원리입니다. 물론 자기의 품이 넓은 것을 과시하기 위해서 그렇게 하는 경우에는 오히려 역효과가 나지요. 사람들은 바보가 아닙니다. 그들은 어떤 것이 과시이고 선심인지를 금방 알아챕니다.

나 맞아요. 과시하는 마음으로 그런 행동을 할 경우에 상대는 역겨움을 느끼게 될 것 같습니다. 그러나 비록 싫은 상대이지만 동일한 하나님의 자녀로 여기며 진심으로 그의 행복을 바라며 잘 대해준다면 점점 더 그를 사랑하게 될 것 같아요. 아니, 사랑하는 단계까지 가지는 못하더라도 적어도 덜 싫어하게는 될 것 같습니다.

루이스 선과 악은 모두 복리(複利)로 증가합니다. 오늘 행하는 아주 작은 선행이 몇 달 뒤에 꿈도 못 꿨던 복으로 다가올 수 있습니다. 반면에 오늘 나의 사소한 그릇된 행동이 아무것도 아닌 것처럼 보일지 모르지만, 나중에는

3부 사랑에 대하여

자신에게 돌이킬 수 없는 커다란 해악을 끼칠 수 있습니다. 그러므로 오늘 선을 행해야 합니다. 그것이 자기를 위하는 길입니다.

하나님에 대해서도 마찬가지입니다. 마음속에서 하나님을 사랑하는 감정이 일어나지 않아 고민된다면 그저 '하나님을 사랑한다 치고' 행동해 보십시오. 억지로 사랑의 감정을 짜내려 하지 마십시오. 대신 스스로에게 "만일 내가 하나님을 진정으로 사랑한다면 무엇을 할까?"라고 물어보고 떠오르는 일을 하면 됩니다. 그러다 보면 어느 날, 진심으로 하나님을 사랑하는 자신을 발견할 것입니다.

나   "선과 악은 모두 복리로 증가한다"는 말은 정말 가슴에 담아둬야겠습니다. 요즘 사람들은 복리를 좋아하잖아요. '복리의 마술'이라면서요. 경제학에서만 적용되는 것이 아니군요.

루이스   네, 그래요. 꾸준히 작은 선행들을 하는 것이 중요합니다. 하나님을 향한 사랑이든, 인간을 향한 사랑이든, 기독교적인 사랑은 의지(will)의 문제입니다. 하나님의 뜻

(will)을 행하려고 노력한다면 곧 "주 너희 하나님을 사랑하라"는 계명에 순종하고 있는 것입니다. 하나님이 원하시면 여러분에게 사랑의 감정을 주실 것입니다. 그러나 우리 스스로 감정을 만들어 낼 수는 없으며, 또 우리에게는 이런 감정을 달라고 요구할 권리도 없습니다.

나 기독교적 사랑은 감정이 아니라 의지라는 것은 우리 모두가 꼭 기억해야 할 내용이네요.

루이스 그렇습니다. 절대로 잊지 말아야 할 중요한 사실은 우리의 감정은 가변적이지만, 우리를 향한 하나님의 사랑은 절대로 변하지 않는다는 것입니다. 그분은 사랑에 지치는 법이 없습니다. 우리가 죄에 빠져 있을 때, 어떤 대가를 치르더라도-인간의 편에서나, 하나님 편에서나-끝내 그 죄를 뿌리째 뽑아냅니다. 그것이 그분의 사랑의 행위입니다. 기억하십시오. 하나님은 사랑이시다는 사실을요.

우리의 정체성은
'하나님의 사랑을 받는 자'다

이어령 진작에 루이스 선생님의 말씀을 들었더라면 제 삶이 더욱 풍성했을 것이라는 생각이 듭니다. 저도 '사랑한다 치고'라는 말이 와닿습니다. 이것은 의지를 발동하는 문제지요. 그렇게 의지를 발동시킨다면 사랑할 수 없는 대상은 아무도 없겠지요. 사실 사랑과 관련해서는 모든 이들에게 할 말이 있을 것입니다.

맞습니다. 우리를 향한 하나님의 사랑은 결코 다함이 없습니다. 그래서 요한이 "하나님은 사랑이시다"라고 단호하게 말했겠고요. 우리는 감정에 휘둘리지만 그분은 한결같이, 끝까지 우리를 사랑하신다는 사실이야말로 소망의 진리 아니겠습니까?

성경이, 그리고 수많은 영적 지도자들이, 평범하지만 신실한 신자들이 "하나님은 사랑이시며, 우리의 정체성은 사랑이신 하나님의 '사랑을 받는 자'다"라고 말했습니다. 토머스 머튼이라는 영성가도 "나는 누구인가?"라는 질문에 "나는 주 예수 그리스도께 사랑받는 자"라고 답했다고 합니다. 그렇습니다. '사랑받는 자'가 우리의 정체성이지요.

하나님께 사랑받는 자라는 사실이 우리 인생의 중심축이 될 때, 우리는 담담하게 이웃을 사랑할 수 있다고 봅니다. 자신이 사랑받는 존재임을 알고 살아간다면, 우리는 결코 우울증에 빠지지 않을 것입니다. 생물학적으로 어쩔 수 없이 우울증에 걸리더라도 거기서 헤쳐나올 수 있다고 믿습니다.

저는 이것을 딸 민아를 통해서 깨달았습니다. 민아는 머리끝부터 발끝까지 자신이 '하나님의 사랑을 받는 자녀'라는 확고한 의식으로 가득 차 있었습니다. 그것은 확실합니다. 그 모습을 보고 나 역시 스스로의 정체성을 확립하며 사랑받고, 사랑하는 것에 대해 깊은 생각을 하게 됐습니다.

나   두 분의 이야기를 듣다 보니 '닥터 지바고'를 쓴 보리스 파스테르나크의 말이 떠오릅니다. 그는 사랑받는 자에게는 그만이 들을 수 있는 '내면의 음악'이 있다고 했습니다. 그 내면의 음악은 사랑이신 하나님의 휘파람 소리일 수 있겠지요. 우리는 그 소리를 들으며 살도록 창조되었지만, 이 세상에서 허우적거리며 살다가 어느 순간부터 그 내면의 음악 소리를 더 이상 듣지 못하게 되지 않았나 싶습니다.

우리로 하여금 그 음악 소리를 듣지 못하게 하는 수많은 소음들이 있습니다. 삶의 소음들을 제거하고 내면의 음악, 내면 깊숙한 데서 들려오는 영혼의 말소리를 들을 때에만 우리 삶에 강 같은 평화와 기쁨이 찾아오리라 믿습니다.

이어령 닥터 지바고는 정말로 좋은 작품이지요. '지바고'는 '살아 있는, 생생한' 등의 뜻에서 파생된 말입니다. 말씀하신 내면의 음악 소리를 들을 때에야 우리는 살아 있는 존재, 생생한 삶을 사는 존재가 될 수 있을 것입니다.

4부

헤어질 결심

우리 시민권은 하늘에 있다

나   이제 주제를 좀 바꿔볼까요? 루이스 선생님은 기독교가 '전투적인 종교'라고 말했습니다. 기독교는 하나님이 세상을 만드셨다고 믿는 종교지요. 기독교는 또한 하나님이 만드신 이 세상에서 너무나도 많은 것들이 잘못되어 버렸으며, 하나님은 우리에게 그것들을 다시 바로잡을 것을 명하신다고, 그것도 아주 큰 소리로 명하신다고 믿습니다.

    이것은 루이스 선생님의 주장일 뿐 아니라 대부분 신학자들의 주장이기도 합니다. 우리는 이 땅에서 흑암의 권세들과 영적 전쟁을 치른다고 보고 있습니다. 영적 전쟁에 대해서는 전혀 생각하지 않고 사는 분들이 많을 텐데요, 선생님의 견해를 듣고 싶습니다.

루이스   루이스 악령의 존재에 대해서 의심하는 분들도 많이 있을 것입니다. 성경, 특히 신약성경에는 악한 영들에 대한 언급이 많습니다. 이 땅에서 벌어지는 수많은 일들, 예를 들면 전쟁과 기근, 질병, 증오, 죽음 등의 배후에 악한 세력들이 있다는 것이죠. 그들 악한 존재들을 인식하고, 적절히 대처하는 것이 우리가 직면한 여러 문제를 푸는데 절실합니다.

기독교는 우리가 사는 이 땅이 악한 영들에게 일부 점령당했다고 생각합니다. 이 세상에 적들에게 빼앗긴 지역이 있다는 것이죠. 실제 우리 삶을 보면 정치와 경제, 사회와 문화 등 여러 방면에서 악한 세력에게 잠식당한 부분들이 많습니다. 어떻게 보면 예수님은 점령지를 수복하는 미션을 갖고 이 땅에 인간으로 변장한 채 내려오셨다고 할 수 있습니다. 그분은 우리도 자신과 함께 수복 작전에 참여할 것을 요구하십니다.

교회는 수복 작전 사령부입니다. 거기서 우리는 함께 대적의 무리와 전투를 벌이는 동지들의 비밀 무전 소리를 들을 수 있습니다. 그렇기 때문에 적들은 우리를 교회에 못 나가게 하려고 그토록 애쓰고 있는 것입니다. 제 책 '스크루테이프의 편지'에 나와 있듯 적들은 이 일을 위해 인간의 자만과 게으름, 지적 허영을 이용하고 있습니다. 부지불식 간에 우리는 적들에게 협조하고 있는지 모릅니다.

기독교는 전투적인 종교입니다. 교회와 그리스도인

들은 악한 권세들로부터 점령당한 지역들을 수복해야 할 책임이 있습니다. 이것을 잊어버린 채 살아가서는 안 됩니다. 우리의 현재 상태와 그것의 회복을 위해 무엇을 해야 할 것인가를 늘 생각하며 살아야 합니다.

이어령　저는 성경을 읽으면서 가장 강력하다고 할 수 있는 한 문구를 발견했습니다. 사도 바울이 빌립보 교인들에게 한 말입니다. "우리의 시민권은 하늘에 있습니다!" 바울은 대단한 문장가인 것 같습니다. 이 간단한 문장 하나로 이 땅에 사는 모든 이들의 정체성을 정확하게 묘사했으니까요.

이 땅이 하나님 나라의 식민지이며, 이 땅에 사는 사람들을 정식 시민권 없이 잠시 거주하는 거류민(居留民)이라고 여기는 것은 여러 신학자뿐 아니라 기독교 문학가들, 목회자들의 보편적인 주장이기도 합니다.

바울이 말한 바와 같이 우리의 시민권이 하늘에 있다면 우리는 이 땅에서 나그네로 살아가는 거류민들임에 분명합니다. 이곳이 최종 목적지가 아니라 우리에게는 끝내 가야 할 곳이 있다는 것이지요. 그래서 이 땅을 '잠시 사는 곳'이라고 부르지 않습니까?

과거 한국 전쟁 이후에 북한에서 피란 온 분들 가운데에서 많은 분이 북한과 가까운 접경지대에서 살았습니다. 그들은 잠시 살다 고향에 돌아간다는 생각으로 그곳에 여장을 풀었지만, 남북 대치 상황이 오래 지속되면서 결국 어쩔 수 없이 눌러 살게 되었습니다. 그렇다고 해서 그들이 거기에 영원히 머무를 생각은 없었습니다. 남북의 길이 뚫리게 되면 가장 먼저 북한으로 들어가기 위해서 나그네처럼 잠시 그곳에 산다고 생각했습니다. 그런 사람들을 묘사한 문학 작품들도 많이 있습니다. 일종의 거류민 문학이지요.

나   오래전에 일본에서 재일동포 지문날인 반대 운동을 펼쳤던 이인하 목사님에 대한 글을 읽은 적이 있습니다. 일본 가와사키란 곳에서 한국인과 일본인 노동자들을 위해 사역한 이 목사님은 재일동포들을 '거류민의 삶을 사는 사람들'이라며 거류민 신학을 펼쳤습니다.

재일동포들은 언젠가는 반드시 한국으로 돌아갈 것을 꿈꾸며 일본 땅에서 거류민으로 살아가는 사람들입니다. 이 목사님은 재일동포들이 한국 땅으로 돌아가는 것뿐 아니라 영원한 하늘나라로 들어가야 할 나그네란 사실을 늘 강조했다고 합니다.

이어령　그렇군요. 루이스 선생님이 말씀하신 대로 교회는 이 땅에 하늘나라의 가치관과 문화, 삶의 방식 등을 전하는 하늘의 식민지 전초기지라고 할 수 있습니다. 크리스천들이라고 불리는 동지들끼리 어둠의 세력에 의해 잠시 붙잡힌 세상의 전복을 꿈꾸며 그들만의 언어로 비밀 교신을 하는 곳이 교회라고 할 수 있다는 생각입니다.

　저는 솔직히 영적 전쟁의 개념에 대해서는 정확하게 파악하고 있지 않습니다. 그러나 선한 세력이 있다면 악한 세력도 분명히 있을 것입니다. 하나님의 마음을 읽어야 한다면 반드시 사탄의 마음도 읽어야 하겠지요. 그들의 전략도 알아야겠고요, 루이스 선생님의 '스크루테이프의 편지'는 정말 흥미진진하게 읽었습니다.

　교회라는 식민지 속에서 우리는 전투적으로 살 수밖에 없다고 믿습니다. 저는 오랫동안 무신론자로 살았고 교회도 나가지 않았습니다. 식민지 사회에서도 독립운동을 하는 투사들과 그들을 막는 식민지 당국자들이 있지만 대부분의 사람들은 별생각 없이 살아가지요. 식민지 당국자들이 늘 염두에 두는 사람들은 투사들입니다. 일반인들은 웬만하면 건드리지 않습니다. 그저 그렇게 살아가게 내버려 둡니다. 그러나 식민지 경영에 결정적 타격을 가할 수 있는 투사가 될 가능성이 있는 사람들의 각성에 대해서는 철저하게 막습니다.

루이스 선생님이 말씀하신 교회에서 소통되는 비밀 무전 소리를 듣지 못하게 하기 위해 '적들이 우리를 교회에 못 나가게 하려고 그토록 노심초사하는 것'에 대해서도 깊이 생각해봐야겠습니다. 저는 그동안 교회에 나가지 않은 것을 신앙에 대한 저의 닫힘 때문이라고 생각했지만 다른 차원에서는 영적인 어떤 힘이 작동됐다고도 여겨집니다. 제가 대단한 존재라기보다는 이어령이라는 식민지의 한 거류민이 교회라는 비밀조직에 들어갔을 때의 파장을 적들은 심각하게 생각했을 수 있겠습니다.

나 두 분 이야기를 듣다보니 어린 시절, 교회에서 불렀던 이 노래가 생각이 납니다. '내 집 아니네'라는 제목의 가스펠 송이라고 생각되는데요 이런 내용의 가사입니다. '죄 많은 이 세상은 내 집 아니네/ 내 모든 보화는

저 천국에 있네/ 저 천국 문을 열고 나를 부르네/ 나는
이 세상에 정들 수 없도다'

"나는 이 세상에 정들 수 없도다"라는 구절이야말로
하늘의 식민지를 살며 사탄에게 점령당한 이 땅의 수복
을 위해 생을 바치는 비밀 결사 요원인 크리스천들이
매일 외쳐야 할 말이 아닌가 싶습니다.

그러나 불행히도 많은 사람들은 식민지의 삶과 문화
에 동화되어 버렸습니다. 궁극적으로 가야 할 곳에 관
한 생각을 잊어버린 채 "이곳이 좋사오니"라며 살아가
고 있습니다. 지금은 믿음과 삶의 방향전환이 절실히
필요한 때입니다. 오랜 세월에 걸쳐 뜻있는 비밀 결사
요원들, 특별히 요원 중의 특급 요원들이 끊임없이 경
고음을 내면서 식민지 사람들에게 악과 대결하도록 투
쟁의식을 고취시키고 있지만 그들의 소리가 점점 줄어
들고 있는 것 같습니다. 그들의 소리보다는 식민지 당
국자들의 소리가 더욱 크게 들리는 요즘인 것 같습니
다. 하나님의 소리보다 대적(大敵)의 소리가 더 크게 들
리는 상황에서 우리는 어떻게 살아야 합니까? 그것이
이 식민지를 살아가는 우리의 숙제라고 생각됩니다.

이 선생님이 말씀하신 거류민 문학도 흥미가 끌립니

다. 기독 작가 필립 얀시가 "기독교인들은 모두 간첩(스파이)이다"라고 말하면서 이야기를 전개한 적이 있습니다. 루이스 선생님이 기독교는 전투적인 종교이며 우리 모두는 지금 적들과 전투 중이라고 말씀하신 것과 연관시키면 얀시의 말도 쉽게 이해가 됩니다. 그런 면에서 볼 때, 이 식민지를 사는 크리스천들에게 필요한 것은 '혁명가적인 영성'이 아닐까 생각됩니다.

홈 베이스와 '헤어질 결심'을 하라

루이스 혁명가적인 영성은 이 땅을 사는 사람들에게 꼭 필요한 개념이라고 생각됩니다. 거듭 말하지만 우리는 지금 전투 중입니다. 전투의 상대방들은 혈과 육이 아니라 정사와 권세와 어두움의 세상 주관자들과 하늘에 있는 악한 영들입니다.

우리의 대적들은 어두움의 세상을 지배하고 통치하면서 종일, 365일 어떻게 하면 사람들에게 빛이 전달되지 못하게 해 그들을 어두움에 가둬놓을까를 궁리합니다. 진리의 빛을 차단해버리는 것이지요. 간단한 적들이 아닙니다. 그들은 고도로 체계화되어 전략적으로 식민지 경영을 하고 있습니다. 기가 막힐 정도로 인간 이해에 정통하고 무엇보다도 주도면밀하죠.

그들은 빛을 차단하는데 그치는 것이 아니라 직접적으로 하나님의 자녀들을 공격하기도 합니다. 어떤 면에서 우리는 매일 어둠의 세력들과 영적 전투를 치르고 있습니다. 전투는 개인적인 차원이 아니라 교회적·사회적·국가적인 차원에서도 전개됩니다.

나 사탄이 인간이해의 최고 전문가라는 말씀이 와닿습니다. 그들이 인간의 미묘한 내면적 감정을 자유자재로 활용하고 있다는 생각이 듭니다. 그러기에 이 세상에 미움과 증오, 질투, 악의 등 온갖 부정적인 것들이 돌아다니고 있겠지요.

루이스 그들은 악한 영이기에 전투에 임하는 우리들의 무기는 육체적인 것이 아니라 모든 것을 이길 수 있는 강력한 주님의 영이 주시는 것이 되어야 합니다. 성경은 영적 전투에 임하는 우리의 자세에 대해 잘 말해주고 있습니다. "마귀의 간계를 능히 대적하기 위하여 하나님의 전신갑주를 입으라"(엡 6:11) 하나님의 것으로 무장되어야 한다는 것입니다. 우리의 모든 것을 하나님으로 꽉 채우라는 것이죠.

이 지상의 전투에서 승리하기 위해서는 우리 모두 대장 되시는 주 예수님의 제자가 되어야 합니다. 제자가 되지 않고서는 식민지의 삶에 동화될 수밖에 없습니다. 물고기가 거센 물살을 헤치며 나아가기 위해서는 생명이 있어야 합니다. 생명이 사라진 물고기는 물 위로 떠올라 그저 물살이 흐르는 대로 흘러갑니다.

크리스천의 생명력은 제자가 되는 데 있습니다. 예수님은 제자가 되기 위한 조건을 다음과 같이 분명하게 말씀하셨습니다. "무릇 내게 오는 자가 자기 부모와 처자와 형제와 자매와 더욱이 자기 목숨까지 미워하지 아니하면 능히 내 제자가 되지 못하고 누구든지 자기 십자가를 지고 나를 따르지 않는 자도 능히 내 제자가 되지 못하리라"(눅 14:26~27)

나 정말 성경 가운데 이 말씀은 이해하기 힘듭니다. 어떻게 부모님과 형제를 미워할 수 있겠습니까? 자기 부모는 미워하고, 원수는 사랑하라니요? 그럼에도 예수님이 이 말씀을 하신 데에는 큰 뜻이 있겠지요.

시몬 베유도 이렇게 말했습니다. "자기가 사랑하는 모든 것을 생각으로 죽이기. 그것이야말로 단 하나의 죽는 방법이다." "자기가 사랑하는 대상이 영원하기를 바라지 말 것. 인간에 대해서는, 그가 누구이든 그의 불멸도 죽음도 바라지 말 것." 알 듯 말 듯합니다. 아무튼, 어렵습니다.

루이스 그렇습니다. 예수님의 이 메시지는 쉽게 받아들이기 힘든 말씀입니다. 나와 내 목숨을 미워할 수는 있습니다. 그러나 어떻게 부모와 처자와 형제자매를 미워할 수 있습니까? 우리의 자연적 성향은 그런 것들을 거부하게 되어 있습니다. 그것은 인륜이지요.

그러나 예수님이 그런 과격한 말씀을 하신 분명한 이유가 있을 것입니다. 저는 그것을 하늘의 식민지란 관점에서 이야기하고 싶습니다. 식민지에서 생명력을 유지하며 하늘의 본향을 잊지 않고, 그 집으로 돌아가기 위해서는 식민지 문화에 길들여져서는 안 됩니다. 엄연한 실재이신 하늘 아버지에게만 길들여져야 합니다.

그러려면 이 식민지에서 나의 삶을 지탱해왔던 모든 것들을 부인하며 심지어 '미워해야' 합니다. 그런 단호한 마음이 없이는 이 땅에서 주님의 생명을 유지하며 살기 어렵습니다. 예수님은 이런 관점에서 어떻게든지 '홈 베이스'라고 생각한 식민지가 진짜 집이 아님을 알려주며 그 안에서의 것들을-가장 소중한 것까지도-미워해야 한다고 말씀하신 것이지요.

이어령　안전과 안락, 익숙함의 상징인 홈 베이스와 '헤어질 결심'을 하는 것이 너무나 중요합니다. 사실 이 땅의 모든 종교의 패턴들은 이야기의 주인공들이 일단 집을 떠나는 것입니다. 무엇보다 예수님께서 익숙한 하늘 보좌와 '헤어지고' 이 땅으로의 구원 여정을 시작하시지 않으셨습니까?

성경을 보면 아브라함을 비롯해 수많은 믿음의 선진들이 집을 떠났습니다. 그들은 왜 익숙한 땅과 집을 떠났습니까? 더 크고 온전하고 영원한 집을 찾기 위해서입니다. 이 땅이 자신들이 거할 최종 목적지가 아니라는 사실을 일찍부터 알아차린 것이지요. 그들은 익숙한 것과의 결별을 통해서 새로운 생명을 얻었습니다. 그들

　　　　4부 헤어질 결심

은 떠남을 통해 제가 자주 이야기하는 뉴 라이프(New Life)의 삶으로 진입할 수 있었던 것입니다.

식민지 당국자나 거기에 동화되어 버린 사람들은 끝없이 우리를 '영원한 거류민'으로 묶어두려고 이렇게 말합니다. "너무 위험하니 결코 집을 떠나서는 안 된다."

미국 배우 짐 캐리가 주연을 맡은 '트루먼쇼'를 보셨나요? 트루먼은 태어날 때부터 일종의 세팅 가운데 만들어진 존재로 자신은 돌아가는 상황을 모른 채 모든 사람들이 지켜보는 삶을 살았습니다. 매일 등장하는 주변의 엑스트라들은 트루먼이 진짜의 삶을 보지 못하고 세팅된 삶만 살도록 기능했습니다. 트루먼이 어린 시절부터 물을 무서워하게 만들어 멀리 나가지 못하게 했습니다. 모든 이들, 심지어 가장 가깝다고 여긴 친구조차 트루먼에게 "바다는 위험하니 절대 나가서는 안 돼"라고 신신당부했습니다.

그런데 트루먼에게 위험한 것은 바다로 상징되는 세팅 너머로 나가는 것이 아니라 세팅된 삶에 머무르는 것입니다. 우리의 삶도 어쩌면 이와 같을지 모릅니다. 일상의 수많은 것들이 진짜를 찾기 위한 여정을 떠나지 못하도록 합니다. 주변 모든 사람들이 "위험하니 나가지 말라"고 합니다. 그러나 정말 위험한 것은 무엇입니까? 위험하다고 해서 집에만 머물러 진짜를 찾지 못하는 것입니다. 그러는 가운데 우리는 철저히 이 땅에 동화되어 버립니다.

나   트루먼쇼 이야기를 하시니 영화 '매트릭스'가 떠오릅니다. 영화 가운데 인상적이었던 장면은 배우 키아누 리브스가 연기한 주인공 네오가 진실을 알게 하는 빨간약과 보고 싶은 것만 보게 하는(진실과는 거리가 먼 세계에 살게 하는) 파란약 가운데 하나를 선택하는 부분입니다. 루이스 선생님은 트루먼쇼나 매트릭스를 못 보셨겠지요. 아쉽네요.(하하)

영화 매트릭스에서 또 다른 주요 인물인 트리니티는 네오를 반란군의 수장 격인 모피어스에게 데리고 갑니다. 모피어스는 세상이 잘못되었다며 네오가 노예라는 진실이 가려진 세계에 살고 있다고 말합니다. 영화에서 네오는 모피어스를 만나기 전까지 잘못된 세계, 진실이 가려진 세계, 노예인 줄 모르는 세계 속에 살고 있었습니다.

4부 헤어질 결심

그에게 모피어스는 파란약과 빨간약을 양손에 들고 말합니다. "파란약을 먹으면 보고 싶은 것만 보게 되고, 믿고 싶은 것만 믿게 된다. 진실을 보지 못하고 거짓의 세계에서 평범한 일상을 살게 된다. 그러나 빨간약을 먹으면 진실을 알게 되지만 안락하고 평범한 일상을 살 수 없다. 어떤 약을 선택하겠는가? 선택은 전적으로 너의 자유다."

네오는 진실을 알게 하는 빨간약을 먹습니다. 그때부터 네오는 거짓에 속아 살고 있는 사람들을 구출하는 구원자 역할을 합니다. 물론 그 가운데 온갖 역경을 겪게 됩니다. 빨간약을 선택하며 네오는 그동안 익숙했던 거짓의 세계와 헤어질 결심을 하고 실행합니다.

이 식민지 땅을 변혁시키려는 '하늘나라의 스파이'로 살아가야 하는 우리 역시 트루먼이나 네오처럼 진실을 향한 여정을 과감하게 떠나야 하겠지요. 그러지 않고서는 자칫 자신의 정체성을 잃어버린 채 거짓되고 가장된 세계에서 노예처럼 살 수 있다는 생각이 듭니다.

이어령　식민지 문화에 동화되지 않는 것이 중요하죠. 그러기 위해 이 땅에서 우리가 미워해야 할 것은 수없이 많습니다. 예수님이 거론하셨던 부모와 처자, 형제자매만이 아닙니다. 우리를 형성한 가치관, 명예를 비롯해 상처까지도 미워하며 결별해야 합니다. 그것은 너무나 고통스러운 일입니다.

사탄은 분명 우리의 이런 고통을 잘 활용할 것입니다. "이건 너무한 것 아니야? 이건 아니지"라는 그들의 소리가 들리는 것 같습니다. 너무나 고통스러울 것입니다. 그러나 이 헤어질 결심과 실행은 식민지를 넘어 본향으로 가기 위해서는 분명 '필요한 고통'입니다. 위대한 믿음의 사람들은 이 필요한 고통을 모두 겪은 사람들이라는 사실을 기억해야 합니다.

나 이 선생님의 '헤어질 결심'에 대한 말씀 잘 들었습니다. 매일 어둠의 세력들과 전투를 치르는 우리들은 하나님의 전신갑주로 무장되어야 한다는 루이스 선생님의 말씀도 감사합니다. 영적 전쟁에 대한 이야기를 들으며 '십자가의 도'를 쓴 제시 펜 루이스 여사의 말씀이 떠오릅니다.

그는 "분명히 영적 전쟁은 존재한다"고 강조하며 "치열한 영적 전쟁에서 어떻게 승리할 것인가?"라고 묻습

4부 헤어질 결심

니다. 정답은 부활의 생명 측면에 있는 십자가에 있다는 것입니다. 성도들은 주님과 연합함으로 한 영을 이루어 부활의 생명에 동참하는 것뿐 아니라, 더 나아가서는 죄와 육에 대한 승리를 체험하고, 주님과 함께 십자가의 생명 측면에서 연합되어 오늘날 교회를 공격하고 주의 나타나심을 지연시키는 어두움의 세력들을 무찌르도록 보내심을 입었음을 기억하자는 것이 루이스 여사의 주장입니다. 전혀 반박할 수 없는 확고한 말씀 아닙니까? 그의 말대로 오늘날 정말로 필요한 것은 주님의 자녀들이 경각심을 가지고 전쟁터로 부르시는 주님의 음성에 귀를 기울여 원수들을 대적하기 위해 힘차게 일어나는 것일 겁니다.

루이스 선생님은 이미 '스크루테이프의 편지'를 통해 사탄의 궤계와 꼼수에 대해서 잘 간파하셨지요. 성도들은 '우리를 향한 하나님의 뜻'만이 아니라 '우리를 노려보는 어둠의 세력들의 궤계'를 간파해서 대응해야 할 것입니다. 사탄에 맞서는 기도와 함께 루이스 여사가 말한 것과 같이 갈보리의 승리의 무기, 즉 십자가를 잘 사용할 수만 있다면 어떠한 영적 전쟁에서도 능히 승리를 거둘 수 있겠지요.

제자도

나　이번에는 '제자' '제자도'에 대해서 이야기해볼까요? 아까 루이스 선생님은 예수님이 말씀하신 제자의 조건을 알려주셨습니다. 자기 목숨은 물론 부모와 처자, 형제자매를 미워할 정도로 우리의 홈 베이스에 연연하지 말아야 하며 자기 십자가를 지고 주님을 따라야 진짜 제자가 된다는 것이죠.

　우리는 지금 제자란 말을 너무나 쉽게 하고 있는 것 같습니다. 도처에 '제자교회'란 이름의 교회들이 있으며 전국 교회에서 제자훈련이 이뤄지고 있습니다. 그러나 제자가 되려는 열망은 있지만, 진짜 제자가 되기 위한 자기 돌아섬, 자기 부인은 부족한 상황입니다. 제자도가 없는 기독교는 진정한 기독교가 될 수 없겠죠.

이어령　앞서 우리는 갈보리 십자가에서 인간의 절대 가치들이 하나로 수렴되었다는 이야기를 나눴습니다. 신자건 아니건 인간은 누구나 십자가를 생각합니다. '십자가를 지다'라는 표현은 비신자 세계에서도 자주 나옵니다.

십자가를 지는 것이란 자기 유익과는 반대 방향으로 가는 것을 상징합니다.

물론 저도 '자기 십자가를 지고 주님을 따르는 것'에 대한 생각을 많이 했습니다. 특히 과거에는 그렇지 않았는데 어느 순간부터 십자가를 보거나, 십자가 생각을 하면 숙연한 생각이 들었습니다. 십자가 형상이 그런 마음을 들게 한 것이 아닙니다. 세상 죄 짊어지고 십자가에 달린 청년 예수의 모습이 자꾸 떠오르기 때문입니다.

본회퍼 목사님은 제자가 되기 위해서는 명예와 업적, 생명을 던져야 한다고 했지요. 누구도 그러기 힘듭니다. 그러나 예수님은 십자가에서 그 모든 것들을 던지며 하늘 아버지의 뜻에 순종하셨습니다.

십자가는 무엇일까요? 저는 '돌아섬', 영어로는 '터닝(turning)이라고 생각합니다. 영어 표현을 쓴 것은 터닝이라는 말이 더욱 강력한 느낌을 주기 때문입니다. 아무튼 뭐든 좋습니다. 십자가는 자기를 사랑하는 마음, 자기 욕망과 이기심에 비수를 꽂고 돌아서는 것을 상징합니다. 그런 돌아섬이 없는 사람은 도저히 십자가를 질 수 없습니다. 결국 자기 십자가를 진다는 의미는 자신의 자아에 비수를 꽂고 터닝하는 것이 아닐까 싶습니다.

자주 본회퍼 목사님에 대해서 언급하고 있는데 그분을 조금이라도 연구해본 사람들은 그가 생전에 복음과 은혜, 제자도를 강조했다는 사실을 잘 알게 될 것입니다. 본회퍼 목사님은 '값싼 은혜'(cheap grace)란 용어를 사용하셨지요. 값싼 은혜야말로 교회의 철천지원수이며 오늘날 우리의 투쟁은 값비싼 은총을 얻기 위한 것이라는 것이 그분의 주장이었습니다.

본회퍼 목사님의 주장에 대해 많은 이들이 동감했음에도 불구하고 오늘날 기독교 세계에서 제자도는 사라지고 값싼 은혜만이 난무하고 있는 것 같아 안타깝습니다.

나 본회퍼 목사님의 값싼 은혜에 대한 언급은 정말로 날카롭습니다. 너무나 강력한 문장들이었습니다. 한 번 다시 들어볼까요? 이렇게 말씀하셨지요.

"값싼 은혜란 싸구려 상품이요, 떨이로 팔아버린 사죄요, 떨이로 팔아버린 위로요, 떨이로 팔아버린 성례전입니다. 값싼 은혜란 교회의 창고에 무진장 쌓여 있어 언제나 손쉽게 무제한으로 제공될 수 있는 것과 같습니다. 한마디로 값싼 은혜는 대가나 노력 없이 얻는 은혜입니다. 계산이 이미 끝났기 때문에 영수증만 제시하면 모든 것을 언제든지 공짜로 가질 수 있는 것, 그런 것이 바로 은혜의 본질이라는 것입니다.

은혜를 이렇게 가르치는 교회는 이를 통해 우리가 은혜를 이미 소유했다고 말합니다. 이러한 교회에서 세상은 죄를 헐값으로 덮어 버립니다. 사람들은 죄를 뉘우치거나 죄에서 벗어나기를 바라지 않습니다. 따라서 값싼 은혜란 하나님의 살아 있는 말씀을 부정하는 것이요, 하나님의 말씀이 인간이 되었다는 사실, 즉 성육신을 부정하는 것입니다. 값싼 은혜란 죄인을 의롭다고 인정하는 것이 아니라 죄를 의롭다고 인정하는 것입니다.

값싼 은혜란 우리 자신이 소유하고 있는 은혜입니다. 값싼 은혜란 참회가 없는 사죄요, 교회의 치리가 없는 세례요, 죄의 고백이 없는 성만찬이요, 개인적인 참회가 없는 사죄입니다. 값싼 은혜란 뒤따름이 없는 은혜요, 십자가가 없는 은혜요, 인간이 되시고 살아 계시는 예수 그리스도가 없는 은혜입니다."

정말 옆에서 이야기해주는 것처럼 생생합니다. 단어 하나하나가 살아 있습니다. 본회퍼 목사님의 이런 말씀은 제자도와 관련되어 있습니다. 제자도를 지키는 희생 없이도 은혜를 마음껏 누릴 수 있다는 우리 시대 사람들에게 경종을 주는 말씀입니다.

루이스 제자도 없는 기독교는 절대로 있을 수 없습니다. 본회퍼 목사님은 '값싼 은혜의 습격'에 대해 경고하셨습니다. 제자도 없는 값싼 은혜의 습격으로 말미암아 우리는 늘 잡동사니와 같은 싸구려 상품에 현혹되어 가장 소중히 여겨야 할 예수 그리스도의 부르심을 버렸고 그로부터 순종과 제자직을 실천할 능력을 상실하고 말았다는 것입니다.

어느 시대나 대중들에 영합하는 값싼 은혜의 말씀들이 넘쳐났고, 그것들은 그 어떤 행위의 계명보다 더 많은 그리스도인을 파멸로 몰아갔다고 본회퍼 목사님은 개탄했습니다. 그렇습니다. 우리의 삶이 이처럼 초라한 것은 싸구려 은혜에 함몰되어 버린 채 작은 이익에 연연하기 때문입니다.

그렇다면 값싼 은혜에 반대되는 값비싼 은혜란 무엇

일까요? 본회퍼 목사님은 값비싼 은혜는 밭에 감추인 보석과 같아 이를 발견한 사람은 누구든지 자기가 가진 모든 것을 팔아 그것을 산다고 했습니다. 그에 따르면 값비싼 은혜란 그리스도의 통치이고 부름이며 살아 있는 말씀으로 이해되는 은혜입니다.

그 값진 은혜에 사로잡힌 사람들은 가던 길에서 돌아서지 않을 수 없습니다. 터닝하는 것이지요. 값진 은혜를 위해 지금까지 자신이 중요시했던 모든 것을 버립니다. 심지어 부모와 처자와 형제자매까지도 버립니다.

값싼 은혜로만 살았던 세상 사람들은 그런 사람들을 도저히 이해하지 못합니다. 그들은 '너머의 세계'를 보지도, 살 수도 없기 때문입니다. 무엇보다 은혜가 값비싼 결정적 이유가 있습니다. 그 은혜를 위해 하나님이 아들의 생명을 대가로 치르셨기 때문입니다. 하나님에게 값비싼 것이 우리에게는 값싼 것이 될 수 없습니다!

나 본회퍼 목사님은 39세에 나치로부터 처형을 당해 형장의 이슬로 사라지셨습니다. 온 유럽에 광기가 넘쳤던 시대에 자신이 배운 신학을 삶으로 실천하셨지요. 30대의 본회퍼 목사님의 깊은 영성에 경의를 표하지 않을 수 없습니다.

그분의 주장은 이것 하나로 요약되는 것 같습니다. '살아 계신 예수 그리스도가 없는 기독교는 반드시 제자직이 없는 기독교로 남게 되며, 제자직이 없는 기독교는 언제나 예수 그리스도가 없는 기독교로 남게 된다.' 본회퍼 목사님의 말마따나 우리는 까마귀처럼 값싼 은혜라는 시체의 주변에 모여들었고, 너무나 값싼 가격으로 제자직을 희생시켰지요. 그것이 오늘의 기독교가 힘을 발휘하지 못하는 결정적 이유인 것 같습니다.

하나님은 우리를 깨우기 위해 시대마다 걸출한 믿음의 사람들을 쓰시는 것 같습니다. 이제는 고인이 되신 댈러스 윌라드(Dallas Willard) 박사도 그런 분 가운데 한 분입니다. 그는 '하나님의 모략' '잊혀진 제자도' '마음의 혁신' '하나님의 음성' 등 이미 우리 시대 고전의 반열에 든 책을 저술한 복음주의 지성입니다. 미국 남가주대(USC) 철학과 교수를 지냈고 남침례교단에서 안수받은 목회자였던 윌라드 박사는 값싼 은혜, 공허한 성공을 추구하는 이 땅에서 예수 그리스도를 따르는 제자의 삶이 얼마나 혁명적이며 짜릿한지를, 그리고 우리는 얼마나 그 본질과 떨어져 있는지를 알려 주는 영적

스승입니다.

그는 제자와 크리스천을 구분합니다. 크리스천은 예수 그리스도를 믿는다고 고백하는 사람입니다. 그러나 고백한다고 해서 꼭 제자가 되는 것은 아닙니다. 윌라드 박사는 '제자란 상대와 같은 존재가 되고, 상대가 하는 일을 할 수 있기 위해 적절한 조건 아래서 그 사람과 함께 있기로 작정한 자'라고 정의합니다. 그래서 누군가의 제자가 된다는 것에는 절대적인 전제조건이 있습니다. 그 사람을 따라야 하고 같이 있어야 하며 그 사람처럼 되는 법을 배우고 그대로 실행해야 합니다. 윌라드 박사는 이렇게 말합니다.

"오늘날 크리스천 사이에는 그릇된 신화가 있습니다. 제자가 되지 않고서도 '크리스천'일 수 있다는 것입니다. 제자가 되기 위해서는 자기 찢어짐과 비움, 돌이킴이 있어야 합니다. 그런데 그것 없이도 크리스천이 될 수 있는 시대에 살고 있습니다. 이것이야말로 이 시대의 비극입니다."

그는 이를 지상명령(Great Commission)의 중대한 누락(Great Omission)이라고 표현합니다. 이 누락 때문에 그리스도인의 현실적 삶과 실제 제자의 삶과는 거대한 괴리가 있다는 것입니다.

이어령 '그레이트 커미션'(Great Commission)과 '그레이트 오미션'(Great Omisson)은 언어유희를 통한 아주 창의적인 비유네요.

나 그렇습니다. 윌라드 박사는 미국의 교회에는 제자가 아닌 크리스천들이 넘쳐 있다면서 지도자들이 먼저 참된 제자가 되어 회중들을 제자로 살도록 인도하지 않는 한 개인은 물론 교회나 사회를 새롭게 할 어떤 영적 파워도 나오지 않는다고 말했습니다. 그의 말을 좀 더 들어볼까요?

"이 시대 교회에는 '뱀파이어 크리스천'들이 너무나 많습니다. '뱀파이어 크리스천'이란 우리 구원을 위해 필요한 그리스도의 피에만 관심이 있을 뿐, 그리스도인으로서 순종하며 제자가 되어 합당한 삶을 사는 것에는 전혀 관심이 없는 크리스천들을 지칭하는 말입니다.

우리 시대 최대의 명제는 제자도를 회복하는 것입니다. 제자가 됐을 때, 보이지 않는 영을 보이는 삶으로 살아낼 수 있습니다. 우리는 지금 마음과 삶이 변화되지 않고서도 그리스도인이 될 수 있는 편리한 시대에 살고 있습니다.

저는 이 시대 지도자들에 묻고 싶습니다. '여러분들은 참된 제자도가 없는 사람들에게 어떤 권세와 근거로 세례를 주며 감히 그들과 하나님이 화목한 사이라고 선포할 수 있습니까'라고요."

루이스 저는 윌라드 박사님에 대해서는 알지 못했는데 참으로 귀한 말씀이네요. 본회퍼 목사님과 윌라드 박사님은 다른 시대에 살았지만 기독교의 문제점에 대한 인식은 같았다고 생각됩니다. 본회퍼 목사님의 '값싼 은혜'를 후세대인 윌라드 박사님이 '제자가 되지 않고서도 크리스천일 수 있다는 것'이라고 풀이한 것 같습니다.

거짓 자아를 버리고 주님이 주시는 새 자아를 받자

나 제자도에 대한 이야기를 하니 뭔가 묵직하고 숙연해지는 느낌입니다. 이번에는 '자아'에 대한 이야기를 하면 좋겠습니다. 자아라고 할 때, 진짜 자아와 거짓 자아가 있습니다. 요즘 '거짓 자아'를 주제로 한 이야기들이 많이 나오고 있습니다.

루이스 선생님은 "기독교는 예수 그리스도가 온 우주의 중심이며 믿음 생활이란 중심이신 예수님께 우리 자신을 던지는 것"이라고 말씀하셨습니다. 예수님께 우리 자신을 던지는 방법은 매일 자신의 자아를 죽이는 것이라고 하셨는데요….

루이스 자아에 대한 이야기는 너무나 중요하지요. 하나님을 향한 저의 평생의 여정은 매일 저의 자아를 죽이는 과정이었습니다. 먼저 요즘 시대의 크리스천들은 아침에 일어나서 제일 먼저 무엇을 하는지 궁금합니다. 모두가 자기만의 독특한 삶의 루틴이 있을 것입니다. 운동선수들에게는 훈련 루틴이 필요하죠. 특별히 크리스천들의 경우에는 '믿음의 루틴'을 형성해서 그대로 반복해 나가는 것이 중요합니다.

하루를 잘 지내기 위해서는 아침이 중요합니다. 아침에 실패하면, 하루종일 허우적거리게 됩니다. 매일 아침 눈을 뜨는 순간부터 우리는 이 세상의 중력에 영향을 받게 됩니다. 자기애에 기초한 모든 소원과 희망이 득달같이 찾아옵니다. 그것들은 먹이를 찾는 굶주린 맹수와 같이 우리를 습격합니다. 대부분은 우리가 진짜의 삶을 누리지 못하도록 방해하는 것들입니다. 영원을 향한 순례, 하늘의 집을 향한 여정을 막는 것들이죠.

그러므로 매일 아침에 일어나서 가장 먼저 해야 할 일은 머릿속에 떠오르는 모든 방해물들, 그러니까 우리의 자연적 자아에 의해 생겨나는 모든 생각들을 밀어내는 것입니다. 중력에 영향을 받는, 식민지의 방식에 동화되어 버린 소리들이 아니라 세미하게 들리는 '다른 음성'에 귀를 기울여야 합니다. 다른 관점을 받아들이며, 좀 더 크고 강하고 고요한 생명이 흘러들어오게 해야 하죠. 이 일은 하루 이틀만 하는 것이 아니라 날마다 계속되어야 합니다. 이것이 우리의 삶의 루틴이 되어야 한다고요.

나 아침을 어떻게 시작하는지에 따라 하루가 결정되는 것 같습니다. 요즘은 모두가 핸드폰을 갖고 있기에 일어나자마자 핸드폰 보는 것이 습관화된 사람들이 많습니다.

핸드폰을 통해 접하지 않아도 될 수많은 세상의 소음들이 마구 들어옵니다. 그것을 밀쳐내야 하는데 결코 쉽지 않습니다.

루이스 네. 아주 사소한 매일의 습관 하나하나가 인생을 결정한다는 사실을 명심해야 합니다. 우리 모두에게는 자아가 있습니다. 시퍼렇게 자아가 살아 있지요. 우리의 자연적 자아는 본질적으로 세상의 잡동사니에 연연해 하고 사소한 일에 안달복달하게 되어 있습니다. 영적 여정을 걷기 위해서는 자연적 자아가 그대로 작동되게 해서는 안 됩니다. 그래서 아침에 눈을 뜨자마자 자연적 자아가 불어대는 그 바람을 밀어내고 나를 주 예수 그리스도께 복종시켜야 합니다.

사실 우리의 자아를 파쇄하고, 그것을 주님께 넘겨 드리는 것은 지극히 어려운 일입니다. 물론 우리는 그것을 원하기는 하죠. 자기애에 기초한 나의 모든 욕망을 추구하면서 동시에 크리스천으로서 정결한 삶을 살고자 합니다. 그러나 아시다시피 그것은 불가능합니다. 자연적 자아가 시키는 대로 살거나, 자아를 파쇄하고 그리스도의 마음을 가지고 살거나 둘 중 하나입니다.

4부 헤어질 결심

기독교의 참된 목적이 내 삶과 교회 공동체에서 이뤄지기 위해서는 나와 공동체의 자아, 좋은 의미로 포장된 목적을 버려야 합니다. 기독교는 예수 그리스도가 온 우주의 중심임을 믿는 종교로 믿음 생활이란 중심이신 예수님께 우리 자신을 던지는 것입니다. 아주 간단합니다. 나의 자아를 버리고 주님의 방식을 취하는 것, 주님이 주시는 새 자아를 받아들이는 것이 기독교란 말입니다.

나   주님의 길을 따르기 위해서는 나의 자아를 죽여야 한다는 것은 수많은 영적 선배들이 한 말입니다. 그만큼 중요하기 때문이겠지요. 매일 아침 우리가 가장 먼저 해야 할 일은 밀려오는 자연적 자아와 욕망들을 모두 던지고 주 예수 그리스도의 음성에 귀를 기울이며 그분이 주시는 새 자아를 받아들이는 것이라는 귀한 말씀 감사드립니다. 반드시 실천해보겠습니다. 그럼으로써 하루종일 우리가 거하는 일상에서 주 뜻 이뤄지는 삶을 살기 원합니다.

이어령   저는 낮은 자존감에 대해 이야기하고 싶습니다. 제가 만난 많은 이들이 낮은 자존감의 문제로 고민하고 있었습니다. '페르소나'(persona)라는 말이 있지요. 페르소나는 원래 그리스의 연극배우들이 무대에서 쓰는 탈로 가면 혹은 인격을 뜻합니다. 나의 본질과는 상관없이 다른 사람들이 나를 통해서 보게 되는 모습이라고 할 수 있습니다.

사람들은 누구나 자기 인생의 무대에서 페르소나를 쓰고 나타납니다. 페르소나를 쓴 나는 진짜의 내가 아닙니다. 페르소나는 웃고 있지만 그 속의 진짜 나는 꺼이꺼이 울고 있을 수 있습니다. 외면과 내면의 괴리가 심하면 심할수록 자존감은 낮아집니다.

외적으로 많은 것을 가지고 대단한 업적을 이룬 분들 가운데에도 자존감이 낮은 사람이 꽤 있습니다. 그러므로 자존감의 높고 낮음은 성취와는 크게 상관이 없는 것 같습니다. 물론 어느 정도 영향을 받기는 할 것입니다. 영적 수준이 높은 사람에게도 자존감의 문제가 있습니다. 우리가 보기에는 가질 만큼 가진 이들이 열등감에 시달려 생을 포기하는 경우도 부지기수입니다.

사실 제대로 하나님을 믿는 사람들은 낮은 자존감을 가질 수 없습니다. 그것은 우리의 신앙원리에 배치됩니

4부 헤어질 결심

다. 우리는 창조주이신 만군의 하나님의 자녀가 된 사람들입니다. 하나님은 우리의 아버지이십니다. 아버지는 자녀를 자신보다도 더 사랑하십니다. 그러므로 우리의 정체성은 하나님의 사랑 받는 자입니다. 이것이 얼마나 대단한 말입니까? 신분이 완전히 바뀌었다고요.

이 말은 제 딸 이민아 목사의 단골 주제였어요. 딸은 사는 날까지 우리 모두가 지위고하에 상관없이 '하나님의 사랑받는 자녀'라는 사실을 알려주려 진력했습니다. 민아는 그럼에도 세상 사람들이 사탄에 속아 낮은 자존감을 지닌 채 자신은 쓸모없는 존재라는 거짓 자아에 함몰되어 살아가는 것을 정말 안타까워했습니다.

나   나의 정체성은 '하나님의 사랑 받는 자'라는 사실 하나만 가슴에 새겨도 오늘 두 분의 대담을 들은 보람이 있을 것 같습니다.

이어령   낮은 자존감, 그러니까 거짓 자아에 함몰되어 사는 것은 인생의 커다란 낭비일 뿐 아니라 그 자체가 죄 된 삶이라고 할 수 있습니다. 죄에 빠진 이 세상은 끊임없이 우리에게 거짓 자아를 주입시키고 있습니다. 거짓 자아가 들어오면 우리는 자기 연민에 빠지기 쉽습니다. 자기만의 프로세스 속으로 함몰되어 보다 높은 차원의 공동체의 선을 위한 사명의 삶을 살지 못하게 됩니다.

무엇보다도 거짓 자아는 '하나님과의 연합이라는 우리 인생의 최고 수준의 단계'까지 이르지 못하도록 합니다. 사실 이것이 거짓 자아가 우리에게 끼칠 수 있는 가장 큰 해악입니다. 민아는 거짓 자아야말로 하나님과의 친밀함, 하나님과 친해지는 데 가장 큰 훼방꾼이라며 거기에서 탈피해야 한다고 강조했습니다.

어떻게 보면 저 역시 오랜 세월 동안 거짓 자아라는 방해꾼에게 속아 하나님과 친밀한 관계로 나가지 못했던 것 같습니다. 이것을 지금이라도 알게 되었으니 얼마나 감사한지요. 문제의 원인을 알게 된 것이잖아요. 거짓 자아에서 탈피하기 위해서는 먼저 내 속에 똬리를 틀고 있는 거짓 자아의 실체를 인정하며 그것을 직시해야 합니다. 그리고 거짓 자아에서 주님의 사랑을 받는 자로서의 참된 자아로의 여정을 가기 위한 싸움을 선포하는 것입니다. 나 자신과, 세상과, 무엇보다도 사탄과 투쟁해야 합니다.

이별과 죽음, 슬픔과 고통

나   이번에는 이별과 죽음, 슬픔과 고통이라는 주제에 관한 이야기를 나눠보겠습니다. 두 분에게는 몹시 아픈 주제일 것 같습니다. 이 선생님은 금지옥엽처럼 키운 외동딸 이민아 목사님을 먼저 보내셨고요, 루이스 선생님은 59세에 결혼한 아내 조이 사모님을 암으로 떠나보내셨습니다. 두 분 다 이별의 슬픔과 아픔, 거기서 깨달은 내용을 글로 남겼습니다. 이 선생님은 '딸에게 보내는 굿나잇 키스'(열림원)를, 루이스 선생님은 '헤아려본 슬픔'(홍성사)이란 책을 쓰셨지요. 루이스 선생님의 책은 아내를 먼저 보낸 뒤에 깊은 비탄과 절망, 회의 속에서 써 내려간 일기를 묶은 것이고요.

이 선생님의 책에서 육필로 쓴 짧은 문장이 눈에 띕니다. '네 생각이 난다. 해일처럼 밀려온다. 그 높은 파도가 잔잔해질 때까지 나는 운다.' 자녀를 앞서 보낸 아버지의 묵직한 마음이 느껴집니다.

루이스 선생님은 "슬픔을 짓누르는 시간에 하나님은 어디 계시는가?"라는 원초적 질문을 수없이 하셨다지요? 급작스러운 상실로 인해 짧은 기간이나마 믿음에서 멀어지기도 하셨고요. 믿음을 가졌다며 사랑하는 이의 죽음에 대해 초연해 하는 것보다 훨씬 더 인간적이며 깊이 있게 다가옵니다.

사실 이 땅을 사는 누구나 상실과 고통을 경험합니다. 다들 행복한 인생을 꿈꾸지만 어느 날 울부짖으며 주님께 절규하는 순간이 닥칠 수 있습니다. 정해진, 예고된 죽음도 있지만 불시에 닥친 죽음도 있습니다. 수많은 사건, 사고를 통해 사랑하는 사람들과 강제로 이별을 당하기도 합니다. 우리는 지금 그런 상황에 처해 절규하는 사람들을 많이 봅니다.

2022년 10월 29일 토요일에 대한민국 서울 이태원에서는 할로윈 축제를 즐기러 수많은 인파가 한꺼번에 몰리면서 압사 사고가 발생, 158명이(대부분 젊은이들) 사망하는 안타까운 일이 벌어졌습니다. 8년 전인 2014년 4월 16일에는 인천에서 제주로 향하던 여객선 '세월호'가 침몰해 승객 304명이 사망했습니다.

사실 이런 일들은 전 세계에서 비일비재하게 일어나고 있습니다. 가족들은 지독한 상실로 고통을 겪었고 "내 인생에 왜 이런 일이 일어나야 하는가?"라고 절규

　　　　　　　　　4부 헤어질 결심

했습니다. 이웃의 그 절규는 나의, 우리의 절규가 될 수 있습니다. 지독한 상실을 경험한 분들, 지금 상실의 바다에서 허우적거리고 있는 분들, 속울음을 삼키고 있는 이 땅의 평범한 분들에게 건네줄 이야기가 있을 것입니다. 이 선생님이 먼저 말씀해주시지 않겠습니까?

이어령 모두가 알다시피 저는 딸 민아를 통해서 영성의 세계를 노크하게 됐습니다. 민아의 암과 실명 직전의 시력장애 증상 등이 믿음으로 치유되는 모습을 보면서 하나님과 접촉하기 시작했죠. 딸의 문병을 하러 갔던 하와이의 작은 교회에서 진실한 기도를 드렸습니다. "하나님, 사랑하는 딸에게서 빛을 거두지 않으신다면 남은 삶을 주님의 자녀로 살겠습니다." 이런 저의 기도는 세례로, 믿음 생활로 이어졌죠.

그러나 저는 치유의 기적 때문에 견고한 지성의 갑옷을 벗은 것은 아니었습니다. 제 가슴 깊숙한 곳에는 본래적으로 영성의 수맥이 흐르고 있었던 것 같습니다. 그러다 사랑하는 딸의 경험을 통해서 절대자 하나님을 만난 것입니다. 그분을 만나면서 하나님이야말로 어린 시절부터 원했던 절대자라는 사실을 실감했습니다.

2007년 7월에 도쿄에서 세례를 받았는데 정확히 3주 후에 민아의 아들, 그러니까 저의 외손주가 25살을 일기로 갑자기 세상을 떠났습니다. 명문 버클리대학을 졸업한 손주의 죽음 앞에서 저는 절규할 수밖에 없었습니다. 민아의 심정이야 오죽했겠습니까?

　그러나 그것이 어렵게 얻은 신앙을 흔들리게 하지는 않았습니다. 민아는 아들의 죽음 이후 계속 이사야서 55장 8절을 묵상했다고 합니다. "이는 내 생각이 너희의 생각과 다르며 내 길은 너희의 길과 다름이니라. 그래도 나를 믿겠느냐?" 민아는 오히려 외손자를 잃은 슬픔에 아버지의 믿음이 흔들리지 않을까 걱정했지요. 그때 저는 시 한 편을 민아에게 보내줬습니다. '얼마나 큰 슬픔이었기에/ 너 지금 저 많은 빗방울이 되어 저리도 구슬피 내리는가…너 지금 그 많은 비가 되어/ 오늘 내 문지방을 적시는구나.'

　딸이 투병하면서 마지막을 향해 다가갈 때, 저는 아무것도 해줄 수 없는 무력한 아버지였습니다. 제 살과 뼈를 나눠준 몸이지만 저는 줄 것이 없었어요. 허파에 물이 차 답답하다는데 한 호흡의 입김도 딸을 위해 나눠줄 수 없었습니다. 금을 긋듯이 야위어가는 얼굴을 보면서 너무나 미안했습니다. 살아 있는 것이, 살겠다고 혼자 밥을 먹고 있는 것이 미안했습니다. 민아는 그렇게 고통에 시달리는데 새로운 아침이 와서 새롭게 시작된다는 것에 절망했습니다.

나   네. 우리는 각자의 상황 속에서 그런 절망감을 느끼고 있습니다. 예기치 못한 참사로 사랑하는 자녀를 잃은 한 어머니가 "그런 속에서도 밥숟가락을 드는 내가 너무 미웠다"는 말을 하신 것을 들었습니다. 정말 이런 분들이 너무나 많습니다.

이어령   이 땅에는 그 같은 감정을 지닌 많은 분들이 계십니다. 그때 저는 하나님께 수없이 간구했지요. "민아 좀 살려주세요. 제발." 저의 인간적인 간구는 이뤄지지 않았습니다. 그렇다고 저는 하나님을 "실패자"라고 비난할 생각은 없습니다. 민아는 죽음을 그저 이 땅에서 저 하늘로 이사하는 것이라고 여겼거든요. 그래요. 민아는 하늘로 이사했습니다. 슬프지만 그것으로 위안을 삼았지요.

    민아는 마지막 순간까지 사명의 삶을 살았습니다. 일

본 작가 미우라 아야코가 말했다지요. "죽음은 내게 주어진 최후의 사명"이라고요. 민아는 의식이 있는 순간까지 기도했고, 이 땅의 다음 세대들의 부흥을 소망했습니다.

민아가 죽은 뒤, 깊은 슬픔과 절망이 있었지만 저는 믿음을 지켰습니다. 기적 때문에 하나님을 믿는다면, 기적이 일어나지 않는 경우엔 하나님을 버릴 수 있습니다. 제게 민아가 다시 회복되는 기적은 일어나지 않았습니다. 그러나 그것이 저를 허물어뜨리지 못했습니다. 제가 간절히 원했던 것은 하나님의 기적이 아니라 오직 하나님 자체였기 때문입니다. 무엇보다 민아가 원했던 것도 제가 하나님 자체를 만나는 것이었습니다. 그것은 확실합니다.

저의 이 말이 상실의 고통을 겪은 사람들에게 어떤 위로가 될지 모르겠습니다. 그러나 우리의 삶의 지평을 이 땅으로부터 저 하늘까지 연장한다면 지금 겪는 상실을 다른 차원으로 받아들일 수 있지 않을까 싶습니다. 물론 어려운 일이지요.

루이스   이 선생님의 말씀 하나하나가 깊은 울림을 주는군요.

저는 직접 자녀를 낳지는 않았지만 자녀를 잃은 슬픔이 어떠할 것인지는 상상할 수 있습니다. 제가 만일 저희 부모님보다 먼저 떠났다면 그분들이 느끼실 상실과 고통이 어떠할지 가늠이 되기 때문입니다. 자녀는 아니지만 저는 아홉 살에 어머니를 잃었고, 세월이 지나면서 친구들을 잃었습니다. 죽음과 상실, 그에 따른 고통은 정도는 다르지만 제 삶에 늘 따라왔습니다. 저뿐 아니라 모든 사람도 마찬가지일 것입니다.

한국에서 일어난 안타까운 사고에 대해서 말씀해주셨는데요, 저 역시 예기치 않은 수많은 죽음을 보아야 했습니다. 특별히 저와 같이 혹독한 전쟁(2차 세계대전)을 겪은 사람들에게 죽음으로 인한 이별은 흔한 일이었습니다.

저는 오랜 세월을 독신으로 살았습니다. 그러다 50대 말에 운명처럼 한 사람을 만나게 되었지요. 헬렌 조이 그레셤(Helen Joy Gresham)이란 이혼녀로 골수암 판정을 받고 투병 중이었습니다. 작가였고, 학문적으로 재능이 있었으며, 신실한 크리스천이었습니다. 우리는 뜨겁게 사랑했고 1957년에 병원에서 결혼식을 올렸습니다. 사랑하는 이가 곧 죽을 수 있다는 사실을 알고 결혼했던 것이죠. 그만큼, 아니 그 이상으로 조이를 사랑했습니다. 조이를 만나며 함께하는 기쁨을 알았습니다. 그러나 그 기쁨에는 슬픔과 두려움이 뒤섞여 있었죠. 그 최고의 순간은 짧으며 슬픔으로 막을 내릴 것이라는 사실도 알았기 때문입니다.

나　　루이스 선생님과 조이 사모님의 사랑 이야기는 '섀도우랜드'(Shadowlands)란 제목의 영화로도 만들어졌죠. 배우 안소니 홉킨스가 루이스 선생님 역을 맡았어요. 영화에서 루이스가 조이를 보며 "우리가 앞으로 겪을 고통도 행복의 일부"라고 말하는 모습이 인상 깊었습니다.

루이스　　우리 이야기가 영화로도 만들어졌군요. 한번 보고 싶네요. 결혼한 지 3년 만에 조이는 세상을 떠났습니다. 조이가 암 환자이기에 갑자기 죽을 수도 있다는 사실을 알고 결혼했지만 막상 아내가 떠나자 저는 완전히 무너졌습니다. 결혼이라는 성대한 피로연에 초대되었으나 미처 전채(前菜)를 끝내기도 전에 무자비하게 진수성찬을 빼앗긴 셈이나 마찬가지였지요. 그 이별은 너무나

　　　　　　　　4부 헤어질 결심

아프게 다가왔습니다. 솔직히 아프지 않은 이별이 있을까요?

사람들은 소위 '변증가'로서 명성을 얻은 제가 겪는 슬픔은 다를 것이라고 기대했을지 모릅니다. 그러나 해 아래 인간은 모두 같습니다. 슬픔에 아파하지 않을 인간은 아무도 없지요. 그때 느꼈던 슬픔은 두려움과도 같은 이상한 느낌이었습니다. 침을 연신 삼키지 않을 수 없었고요, 너무 슬퍼 최소한의 애쓰는 일도 하기 싫어졌습니다.

저는 급작스러운 상실 때문에 짧은 기간이나마 믿음을 잃어버리기도 했습니다. 수없이 하나님께 질문했습니다. "하나님, 당신은 어디 계시는가요?" "다른 모든 도움이 헛되고 절박하여 당신께 다가가면 무엇을 얻을 수 있는가요?" "사랑하는 사람이 죽으면 어디로 가는 것입니까?" 저는 성난 목소리로 하나님께 고함지르고 발버둥 치며 대들었지요. 지독히도 회의했습니다. 제 믿음을 의심했다고요. 믿어지세요? 변증가인 C.S. 루이스가 믿음을 의심했다니…. 그러나 사실입니다. 잠시 믿음은 '면전에서 꽝 하고 닫히는 문'과 같이 되어버렸습니다.

제 주변엔 좋은 크리스천들이 많았죠. 그들은 진심으로 저와 함께 슬퍼했지만 솔직히 그들의 종교적 위안은 제게 별로 도움이 되지 않았습니다. 그들이 저의 슬픔에 동참하고 함께 해준 것에는 너무나 감사했지만 종교적으로 위로의 말을 하는 것은 받아들일 수 없었습니다.

오히려 그들이 뭔가를 말하려 할 때, 저는 그들이 삶과 죽음, 이별과 슬픔, 사후 세계 등에 대해서 모르는 것이 분명하다고 의심했습니다. 이 땅을 사는 누구도 정확히 알 수 없는 것, 그것이 아무리 정성 가득한 위로라 할지라도 극심한 비탄의 시기에는 듣고 싶지 않았고 들리지 않았습니다. 조이를 향한 저의 사랑이 너무나 컸기에 그녀가 떠난 이후 이런 감정들이 들었던 것 같습니다. 일단 저에게는 시간이 필요했습니다.

나 루이스 선생님께서 솔직한 느낌을 가감 없이 말씀해주시니 감사합니다. 조이의 아들인 더글라스 그레셤이 "'헤아려본 슬픔'은 자신의 겟세마네 동산에 올라 적나라한 감정을 드러낸 한 남자에 관한 이야기"라고 표현한 부분이 눈에 띕니다. 어머니와 의붓아버지의 만남과 사랑, 이별을 지켜본 그는 "사랑이 클수록 슬픔도 크며, 믿음이 깊을수록 사탄은 더 가혹하게 그 성채를 할퀸다"고 했습니다. 그만큼 루이스 선생님은 '믿음의 화신'인 양 포장하지 않고 자신의 고뇌를 솔직하게 표현하셨던 것 같습니다.

죽음학이나 상담 전문가들은 자신의 회의와 분노, 고뇌를 터놓는 것이야말로 치유의 시작이라고 말합니다. 탁월한 죽음학자인 엘리자베스 퀴블러 로스는 슬픔과 진정한 애도만이 치유의 능력을 가지고 있다면서 "30분 동안 울어야 할 울음을 20분 만에 그치지 말라"고 했습니다. 온전히 슬퍼하고 제대로의 애도 과정을 지닌 사람들만이 상실에서 온전히 벗어날 수 있다고도 했지요.

시간이 필요했다는 마지막 말이 와닿습니다. 충분히 슬퍼하고, 충분히 애도할 시간이 분명 필요했을 것입니다. 비단 루이스 선생님뿐 아니라 상실을 경험한 모든 이들에게 필요한 시간입니다.

병원에서 결혼식을 치르실 정도로 루이스 선생님은 진정으로 아내를 사랑하셨던 것이 분명합니다. 그녀가 얼마나 좋은 분, 아니 좋은 아내였는지는 선생님이 쓰신 '헤아려본 슬픔'에 자세히 나와 있습니다. 이렇게 말하셨지요. "좋은 아내는 한꺼번에 여러 사람 역할을 한다. H(조이를 가리킴)가 내게 어떤 사람인들 되지 못했으랴? 그녀는 나의 딸이고 어머니였으며, 학생이자 선생, 신하이자 군주였다. 그리고 언제나 이러한 모든 것들이 녹아 있는 내 믿음직한 동지요 벗이며 한 배를 탄 선원이자 전우였다." 이보다 더한 아내를 향한 상찬(賞讚)은 없을 것입니다.

　조이 사모가 1960년에 세상을 떠났으니 결혼생활은 3년 남짓에 불과했겠군요. 그러나 생각하기에는 짧다고만 할 시간은 아닙니다. '사랑을 위하여'라는 한국 노래 가운데 "하루를 살아도 행복할 수 있다면 나는 이 길을 택하고 싶어"라는 가사가 있습니다. 어떤 이에게 3년은 긴 시간일 수 있습니다. 루이스 선생님 부부는 3년 동안 충분히 행복하셨으리라 생각됩니다. 앞서 말한 미우라 아야코 역시 오랜 병상 생활을 했습니다. 그녀의 남편이 된 미우라 미츠요씨는 병상의 그녀를 보며 "3일 만이라도 좋으니 결혼하자"고 했다고 합니다. 긴 세월 함께 살더라도 불행한 분들이 많은데 짧은 동행이라도 행복할 수 있다면 그 길을 선택하지 않을 수 없죠.

이어령   루이스 선생님의 말씀에서 큰 위로를 받습니다. 믿음을 가진 이후에 평생 한 번도 회의하지 않았다는 분들도 분명히 계실 것입니다. 그것이 그들에게는 큰 복이지만 일반적이지는 않습니다. 인간은 진리에 도달하기까지 끊임없이 회의하고, 의심하게 되어 있지요. 창조주 하나님께도 성난 목소리로 대들 수 있다고 봅니다. 자녀들도 자주 부모님께 대들지만 그것 때문에 부모님의 사랑이 없어지는 것은 아니잖아요. 가톨릭에서 성녀로 추앙받은 마더 테레사도 평생 회의하고 의심했다고 고백하지 않았습니까?

인간은 모두가 죽습니다. 죽음은 인간이 짊어진 원죄라고 할 수 있죠. 모두가 죽음을 무서워하지만 사실 죽음은 결코 거창한 것이 아니라고 생각합니다. 삶과 죽음은 손바닥과 손등과 같습니다. 창조주께서 "이제 됐다"라고 말씀하시면 손바닥을 툭툭 털고 가야 하는 것입니다. 그 과정에서 남아 있는 자들은 슬픔과 고통을 겪습니다.

특히 사랑하는 사람을 잃는 것보다 더 큰 고통은 없습니다. 아까 말씀하신 엘리자베스 퀴블러 로스는 "인간의 목적은 사랑하고, 사랑받고, 성장하는 것"이라면서 "고난 없이는 기쁨도 없고, 고통 없이는 즐거움도 없다"고 했습니다.

저는 뉴 라이프에 대한 이야기를 많이 했는데 뉴 라이프는 올드 라이프의 죽음 없이는 이뤄질 수 없습니다. 죽음과 그것을 통한 절망은 우리에게 새로운 세계에 대한 눈을 뜨게 해줍니다. 슬픔과 아픔, 절망을 겪어보지 않고서는 절대로 영성을 얻을 수 없다는 것이 저의 생각입니다. 영성의 세계로 가기 위해서는 '자기 파괴'라는 극적 경험이 있어야 하는 것이지요. 죽음은 그런 극적 파괴 가운데 가장 강력한 요소라고 할 수 있습니다.

나　이 선생님은 '딸에게 보내는 굿나잇 키스'에서 "죽음은 허무요 끝이 아니라는 것을 너는 보여주었다. 선혈이 흐르던 상처가 아물고 그 딱지가 떨어진 아픈 살에서 새살이 돋는다"라고 쓰셨습니다. 이런 말씀도 하셨지요. "사랑하는 사람이 세상을 떠나면 슬픔만 남는 것이 아니다. 죽음은 씨앗이 되어 슬픔의 자리에서 싹이 나고 꽃이 핀다. 떨어진 그곳에서 열매를 맺는다."

죽음은 끝이 아니라 장차 열매를 맺는 씨앗이 될 것

은 분명하지만 사랑하는 사람과의 이별은 견디기 힘들 정도로 아픈 것이겠죠. 루이스 선생님은 그 극도의 슬픔과 비탄을 어떻게 극복하셨는지 궁금하네요.

루이스 슬픔을 '극복'한다는 말이 조금 부담이 됩니다. 슬픔은 극복하는 것이 아니라 지나가게 하는 것이라고 생각합니다. 아내가 죽었을 때, 저는 '죽은 아내'를 위해 쉽게 기도하지 못했습니다. 사실 저는 언제든지 다른 죽은 사람들을 위해 믿음을 가지고 기도할 수 있었지요. 실제로 많은 분들을 위해 기도를 했고요. 그러나 아내를 위해 기도하려고 할 때마다 멈칫했습니다. 나의 분신과 같았기 때문입니다. 사랑하는 사람은 나의 일부와 같기에 거리를 두지 못합니다. 우리 마음의 일부인 것을 위해 어떻게 기도한단 말입니까?

물론 하나님께 고함지르며 대들면 안 되는 것이지요. 인간이 무엇이기에, 그리고 피조물이 만드신 분에게 뭐라고 이야기할 수 있겠습니까? 그저 받아들여야 하는 것입니다. 그러나 저는 인간이기에 또한 그분이 주신 의지에 따라 핏발 선 눈으로 그분께 대들 수 있었습니다. "주님, 이것이 도대체 무엇입니까? 제가 좀 더 행복한 시간을 가지면 안 되었습니까? 주님, 정말 이런 방법밖에 없었습니까?"

나 하나님의 뜻이 분명히 있다고는 믿지만, 극심한 상실 속에서는 "정말 이런 방법밖에 없었는가?"라는 질문이 저절로 나오는 것 같습니다.

루이스 아내를 잃은 상실은 저에게 실재였습니다. 가슴 터질 만한 상실이 실재인 만큼 지독한 슬픔도 실재였습니다. 상실을 부정할 수 없습니다. 상실을 부정한다는 것은 그 사람 자체를 부정하는 것이니까요.

　　저는 슬픔의 시간을 충분히 가졌습니다. 흔히들 죽음을 앞둔 환자들은 부정과 분노, 타협, 우울, 수용이라는 5가지 단계를 거친다고 하잖아요. 상실을 마주한 사람들도 비슷한 과정을 거치는 것 같습니다. 처음엔 부정했지요. 아내의 죽음을 도저히 인정할 수 없었습니다. 그리고 그 죽음을 허용한 하나님께 분노했습니다. 그러다 하나님과의 타협을 시도했습니다. 그러는 과정에서 극심한 무력감을 느꼈습니다. 아내와의 아름다웠던 추억을 되살려보면서 깊은 상념에 젖기도 했습니다. 아무

　　　　　　　　　4부 헤어질 결심

것도 하기 싫은 극도의 게으른 상태에도 처했습니다. 시간이 지나면서 최종적으로는 아내의 죽음을 수용했습니다.

조이의 마지막 말은 "저는 하나님과 더불어 평화롭습니다"였습니다. 그녀는 잔잔한 미소를 지으며 이 땅을 떠났습니다. 그 미소를 보고 저는 아내가 평화롭게 영원의 샘으로 들어갔음을 확인했습니다. 비로소 아내의 죽음을 수용하면서 더 이상 하나님께 대들기를 그치고 하나님을 나의 슬픔 속으로 모셔 들여올 수 있었습니다.

나를 아프게 했던 상실과 고통을 부정하지 않고 직시하며 그 시간을 온전히 지나갈 때, 치유가 시작되는 것 같습니다. 그리고 그것의 결과는 사랑을 확인하는 것이었습니다. 나를 향한 아내의 사랑, 그리고 우리 부부는 물론 온 땅에 깃들어 있는 하나님의 사랑을 말입니다. 그때 "애통하는 자는 복이 있다"는 말씀(마 5:4)의 의미를 조금이나마 이해하게 되었습니다.

이 선생님이 다시 한번 확인해 주신대로 우리 모두는 죽습니다. 아내가 죽은 것 같이 저도 죽겠지요. 지금 이것은 상상 속의 인터뷰죠?(하하) 이미 저는 죽었습니다! 저는 아내가 죽은 지 3년 후에 이 땅을 떠났습니다. 모두가 죽는다는 진실 속에서 우리는 사랑하는 이들의 죽음이 주는 상실과 화해할 수 있다고 봅니다. 언젠가는 모두 죽어 다시 만날 것이기 때문입니다.

나　죽음이란 단어는 언제나 비장하게 다가옵니다. 사람들은 죽음을 두려워하죠. 반드시 겪게 될 것이란 사실을 정확히 알고 있음에도 정색하며 배우려하지 않지요. 죽음학 전문가들은 죽음을 배운다는 것은 삶을 배우는 것이라고 합니다. 삶의 자리에서 죽음을 보면 고통이고 슬픔이며 상실이지요. 그러나 죽음의 자리에서 삶을 보면 관조할 수 있을 것입니다.

이 선생님은 특히 죽음에 대한 이야기를 많이 하셨습니다. '메멘토 모리'에 대해서도요. 죽음에 대한 선생님의 생각을 듣고 싶습니다.

이어령　'메멘토 모리'라는 라틴어는 지금 많은 사람들이 알고, 곧잘 사용하는 단어인 것 같습니다. 라틴어로 메멘토(Memento)는 '기억하다, 생각하다'를, 모리(Mori)는 '죽음'을 뜻합니다. 메멘토 모리는 "죽음을 기억하라",

혹은 "죽음을 생각하라" 정도의 의미지요. 저는 '메멘토 모리'라는 졸시(拙詩)에서 "목숨은 태어날 때부터 죽음의 기저귀를 차고 나온다"고 썼습니다. 태어날 때가 있으면, 죽을 때가 있습니다. 만고의 진리입니다. 그래서 다른 사람들이 죽는 것을 볼 때마다 나도 저들이 가는 그 길을 그대로 가는 것이라는 사실을 기억해야 합니다. 죽음을 기억하는 자가 지혜자입니다.

앞서 저의 여섯 살 때의 경험을 말씀드렸는데 홀로 굴렁쇠를 굴리며 보리밭 길을 가면서 저도 모르게 눈물을 흘렸습니다. 그때는 왜 그랬는지 전혀 몰랐습니다. 그러나 이제는 압니다. 그것을 이렇게 썼습니다.

"여섯 살배기 아이의 뺨에 무슨 연유로 눈물이 흘렀는가/ 너무 대낮이 눈부셨는가/ 너무 조용해 귀가 멍멍했는가/ 굴렁쇠를 굴리다 흐르던 눈물/ 무엇을 보았는가/ 메멘토 모리/ 훗날에야 알았네. 메멘토 모리"

태어날 때부터 죽음을 인식하는 것이 인간입니다. 죽음을 생각하면서 우리는 간절히 살고 싶은 욕망에 사로잡힙니다. 생명에 대한 갈구가 일어납니다. 그런데 나중에 압니다. 생명은 오직 주 예수 그리스도를 통해서만 올 수 있다는 사실을요. 사실 그분 자체가 생명입니다. 예수님은 분명히 말씀하셨지요. "내가 곧 길이요, 진리요, 생명이다"라고요. 죽음을 기억하고 의식하면서 우리는 길과 진리, 생명이신 그분께 좀 더 가까이 다가갈 수 있습니다.

태어나면서부터 우리는 조금씩 죽어갑니다. 우리 세포는 매일 일정 수만큼 죽어가고 있습니다. 날마다 '작은 죽음'이 내 몸에서 일어나고 있는 것이지요. 그만큼 죽음은 우리 곁에 가까이 있습니다. 그래서 우리는 늘 죽음을 생각해야 합니다. 죽음을 자각함으로써 삶이 소중함을 깨닫게 되기 때문입니다. 삶의 변화는 인간은 반드시 죽는다는 진리를 자각할 때, 극적으로 일어납니다. 누구나 생명이 얼마 남지 않았다는 사실을 깨닫게 되면, 남은 시간을 조금이라도 보람 있는 일에 보내려 할 것이 분명합니다. 그래서 저도 말씀하신 대로 삶의 자리에서 죽음을 보는 것이 아니라 죽음의 자리에서 삶을 보라고 권하고 싶습니다.

루이스 "삶의 자리에서가 아니라 죽음의 자리에서 삶을 보라"는 두 분의 말씀이 아주 강력하게 다가옵니다.

4부 헤어질 결심

이어령 그렇게 보는 것은 인생의 시기와는 상관없습니다. 어려서부터 그런 죽음의 자각을 하는 사람은 인생을 낭비하지 않을 것입니다. 물론 '죽음을 지향'하는 것과 '죽음을 자각'하는 것은 큰 차이가 있습니다. 죽음을 지향하는 사람은 극단적으로 자살할 수 있지만, 죽음을 자각하는 사람은 온전히 '살게 되는 것'을 지향하게 됩니다.

죽음의 자리에서 삶을 보면 모든 것을 받아들일 수 있죠. 좀 더 너그러워진다고나 할까요. 죽음이 찾아온다고 생각하면 맺힌 것을 풀고 싶고, 정리 못 한 것을 정리하고 싶어합니다. 무엇보다 좀 더 사랑하고 싶어지지요. 죽음을 앞두고 있다면 더욱 치열하게 사랑하게 되는 것입니다.

루이스 선생님도 물론 사모님이 너무나 훌륭하며 사랑스러운 분이기에, 그리고 보편적 사랑의 마음이 있으셨기에 사랑하는 삶을 사셨겠지만 함께 할 남은 기간이 얼마 되지 않을 수 있다는 생각 때문에 일반인들의 사랑 차원을 뛰어넘는 불꽃 같은 사랑을 하셨던 것이 아닐까 싶습니다.

이야기, 상상력

나　삶과 죽음, 이별과 상실의 문제는 인간이 존재하는 한 지속될 것입니다. 지금 상실의 아픔을 지닌 모든 분에게 두 분의 귀한 말씀이 조금이라도 도움이 되면 좋겠다는 마음입니다.

　화제를 좀 가벼운 것으로 바꾸죠. 사실 두 분에게 가벼운 주제란 있을 수 없다는 생각입니다. 아무리 가벼운 이야기도 묵직한 논지로 이야기를 전개해 나가시니까요. 마치 먼 바다에서 큰 물결이 밀려오는 것 같다고나 할까요. 아무튼, 이번엔 '이야기'에 대해서 이야기해 볼까요? 두 분은 이야기 만드는데 천재적인 재능을 지니신 분이 아닙니까?

　이 선생님은 죽는 날까지, 세계가 끝나는 날까지 글을 쓸 것이라고 공공연히 말씀하셨고 실제로 그렇게 하셨습니다. 항암치료를 거부하고, 대신 글을 쓰고 이 땅을 떠나시겠다고 했지요. 흰고래 모비딕을 찾아 이글거리는 눈으로 작살 던질 준비를 하는 에이하브 선장과 같이 컴퓨터를 앞에 두고 글을 써나가셨을 선생님을 생

　　　　　　　　　　　　4부　헤어질 결심

각하니 숭고한 마음이 듭니다.

　루이스 선생님도 더 말할 필요 없는 '이야기꾼'이시죠. 좋은 의미로 '꾼'이라는 용어를 사용했다는 점을 알아주시기 바랍니다. '나니아 연대기', '스크루테이프의 편지' 등에는 정말로 탁월한 이야기들이 담겨 있습니다. 저는 특히 스크루테이프의 편지에 매료됐는데요, 선생님이 탄생시킨 대장 마귀인 스크루테이프나, 신참 마귀 웜우드는 이제 친숙한 친구 같은 느낌마저 든다니까요.

　선생님의 글에서는 다른 누구와도 비할 바 없는 명징한 정신을 발견했다는 분들이 많습니다. 작가였던 조이 사모님도 그 점에 매료되셨을 것 같습니다. '명징'(明澄)이란 말이 참 좋지 않습니까? '깨끗하고 맑다'는 뜻이잖아요. 루이스 선생님의 책이 세대를 넘어 사랑받는 이유가 그 안에 깨끗하고 맑은 심오한 기독교의 진리들이 현대적 언어로 담겨 있기 때문이 아닌가 싶습니다.

　특별히 '반지의 제왕'을 쓴 J.R.R. 톨킨 등이 멤버였던 '잉클링즈'(Inklings)는 너무나 부러운 모임이었습니다. 상상력이 풍부하고 문학적 재능과 직관이 탁월한 분들이 모인 그 모임에서 얼마나 많은 이야기들이 탄생했겠습니까? 자, 이야기의 세계로 들어가 볼까요?

이어령   저야 루이스 선생님에 비할 바 못 되지요. 함께 거론되
는 것만 해도 영광입니다. 물론 글쓰기와 이야기에 대
해서는 할 말이 많아요. 평생 글을 쓰는 사람으로 살아
왔으니까요. 무신론자였을 때나, 신자가 되었을 때나
변함없이 글을 썼습니다. 수많은 이야기를 만들었지요.
　쓰는 것은 숙명이었지만 즐거운 작업이기도 했습니
다. 즐겁지 않다면 평생 쓸 수 없었을 겁니다. 그래서
'지성에서 영성으로'에서도 이렇게 고백했습니다. "나
는 죽는 날까지, 세계가 끝나는 날까지 글을 쓸 것입니
다. 다 쓴 치약 튜브를 짜내고 또 짜내듯 가슴의 주름이
나 머리 한구석에 남아있을지도 모를 그 느낌과 생각들
을 짜내 글을 쓸 것입니다. 아직 내 열정과 사랑과 증오
가 식어버리기 전에 추운 겨울에도 피는 수선화처럼 고
개 들고 일어서는 언어들을 찾아내야 할 것입니다."
　제가 비교적 이 결심은 지킨 것 같습니다. 암에 걸린
이후에 굳이 항암치료를 받지 않은 것도 그 시간에 글
을 쓰기 위함이었습니다. 글을 쓰지 못하는 이어령, 이
야기를 창조하지 못하는 이어령은 죽은 것과 다름없기

때문입니다.

저는 일찍부터 사람들의 마음을 움직이는 글, 창조의 글에 대한 갈망이 있었습니다. 성경을 읽으면서 하나님의 창조 작업과 같은 전혀 새로운 글, 사람을 일시에 변화시키는 예수님의 말씀과 같은 글을 쓰고 싶은 갈망이 커져갔습니다. 단 한 번이라도 좋으니 무쇠처럼 굳어진 저 시장바닥의 사람들 가슴을 풍금처럼 울릴 수 있게 하는 아름다운 시 한 줄을 쓰게 해달라고 기도를 드렸습니다. 천지 창조 엿샛날 같은 느낌으로, 최초의 아담 같은 마음으로 시 한 줄을 쓸 수만 있다면 다시는 글을 쓰지 않아도 좋다고 말입니다.

나   산문은 모르겠지만 시는 누구나 쓸 수 있는 것은 아니라는 생각입니다. 노벨문학상을 탄 터키의 오르한 파묵은 시인이란 '신이 말을 걸어주는 자'라고 말하며 시 쓰기를 그치고 소설만 썼다고 하지요. 비단 시뿐 아니라 쓰는 모든 행위는 고통의 과정을 통과해야 하는 것 같습니다.

이어령   저는 작가는 '흰 공백을 죽이기 위해 애쓰는 사람'이라고 표현합니다. 어떤 예리한 펜의 창으로도 그 흰 공백의 심장을 꿰뚫을 수 없었기에 매일 그 바다에서 익사하고 있는지 모릅니다. 글을 쓰기 위해서는 상상력을 발휘해야 합니다. 상상력이란 사물을 부풀리는 것이 아니라 해부하고 쪼개는 행위입니다. 존재의 그 딱딱한 껍질 안에 잠재해 있는 시간과 공간의 이미지를 끄집어내는 일입니다. 상상력을 통해서 작가와 시인은 평범한 추상명사들을 활력 넘치는 동사로 바꿉니다. '작가와 시인의 식탁'에 오르는 무언가는 반드시 새롭게 변환이 됩니다.

비단 작가나 시인이 아니더라도 우리는 모두 이야기를 창조하며 살아가고 있습니다. 이야기에는 힘이 있습니다. 힘이 있는 생생한 이야기가 우리의 삶을 바꾼다고 믿습니다. 제가 아무리 혼신의 힘을 다해 글을 써도 예수님의 이야기 솜씨에는 도저히 다가갈 수 없습니다. 발꿈치에도 못 미치지요.

예수님은 '시장의 언어'를 사용하시며 사람들에게 생명의 말씀을 전하셨습니다. 그분은 하늘의 언어를 땅의 언어로 풀이한 탁월한 동시통역사셨습니다. 어떤 때는 인간의 이야기를 하늘에 전하고 어떤 때는 하늘의 이야기를 인간에게 전해주는 진정한 미디어가 예수님이셨습니다. '이야기꾼'으로서 예수님은 절대 어려운 용어를 사용하지 않으셨습니다. 항상 지상의 것으로 천상의 것을 보여주셨습니다. 그분은 비유의 천재셨습니다. 비유란 아는 것을 가지고 모르는 것을 표현하는 것입니다.

나 이 선생님의 말씀 가운데 몇 가지 가슴에 확 들어오는 키워드들이 있습니다. 작가는 '흰 공백을 죽이기 위해 애쓰는 사람'이라는 표현, '작가와 시인의 식탁', '시장의 언어' '아는 것을 가지고 모르는 것을 표현함' 등인데요, 그중 한 가지를 가지고도 수많은 이야기를 유추할 수 있는 키워드들입니다.

특별히 '시장의 언어'라는 말을 통해서도 여러 생각이 듭니다. 오래전, 미국 몬태나주에 있는 세계적 영성 신학자 유진 피터슨의 집을 방문한 적이 있었습니다. 그때 그는 자신이 '푸줏간 집 아들'이라면서 부친이 정육점을 경영한 보통 사람인 것을 감사한다고 했습니다. 목수로 살아가신 예수님을 좀 더 잘 이해할 수 있기 때문이었답니다.

피터슨 목사님도 이 선생님처럼 예수님이 사용하신 언어는 고급어가 아니라 시장의 언어라고 강조했습니다. 그러면서 예수의 제자가 되기를 원하는 우리 또한 '밑바닥 시장의 언어'로 이웃들에게 다가가서 함께 웃고, 함께 울며, 함께 사는 곳에 교회의 미래가 있다고 말했습니다. 당시 피터슨 목사는 여러 이야기를 했었는데요 그 어떤 말보다도 "시장의 언어를 사용하라"는 말이 뇌리에 남았습니다.

시장의 언어와 함께 생각해볼 단어가 '신앙의 언어', '회중의 언어'입니다. 한국의 실천신학대학원대학교를 설립한 은준관 전 총장님으로부터 들었던 내용입니다. 그는 현대의 목회자들은 성도들과 함께 '신앙의 언어'를 세워나가야 한다고 말했습니다. 설교보다 더 중요한 것은 성도들의 집합체인 회중의 언어를 이해하는 것이라는 설명이었죠. 그 회중의 언어 속에서 신앙의 언어를 발견하고 세워나갈 때, 참다운 목회가 가능하다는 주장이었습니다.

그는 목사가 성도의 집에 심방을 가서도 너무 많은 말을 하지 말고 성도 내면의 언어가 소리로 나오도록 도와주어야 한다고 조언했지요. 성도 내면의 언어 가운데 '그리스도의 언어'를 찾아내어야 한다는 것이었습니다. 사실 성도의 언어는 대부분 시장의 언어지요. 그들 내면의 언어는 살아온 환경의 소산입니다. 그 내면의 언어를 잘 읽어내어 시장의 언어와 신앙의 언어를 연결해 주는 것이 목사의 역할이 아닐까 싶습니다. 목회자가 성도 내면의 언어를 깊이 파악할 때에 그 성도뿐 아니라 주변 지역과의 소통이 가능하게 될 것입니다.

많은 목회자들이 "요즘은 정말 목회하기 어려운 시대"라고 말하는데 왜 어려울까를 생각해봅니다. 여러 환경적·종교사회학적인 이유가 있을 터이지만 시장의 언어와 신앙의 언어에 대한 이해 부족도 한 요인으로 작용했을 듯합니다. 이 선생님은 예수님이 하늘의 언어를 땅의 언어로 풀이한 탁월한 동시통역사라고 말씀하셨는데요, 목회자 역시 성도들이 살아계신 하나님을 만나게 해주는 통로의 역할을 해야 한다고 봅니다. 그러려면 시장의 언어, 회중의 언어에 대한 깊은 이해가 필요할 것 같습니다.

루이스   두 분의 이야기가 아주 흥미롭습니다. 맞습니다. '시장의 언어'가 참으로 중요하지요. 언어의 공급자는 '출발어'뿐 아니라 '도착어'에 신경을 많이 써야 합니다. 언어가 도착하는 곳의 사람들 정서를 이해해야 합니다. 도착지 사람들에게 이야기는 대부분 시장의 언어, 동네의 언어로 표현되니까요.

이 선생님이 표현하신 '작가의 식탁'은 상상만 해도 흥미진진합니다. 그 식탁 위에는 이 땅의 모든 것이 올라갈 수 있습니다. 탁월한 셰프는 그 식자재를 가지고 다양한 방법으로 이야기를 조리하게 되지요. 우리는 이야기를 통해서 세상을 이해할 수 있습니다. 이야기의 진정한 매력은 긴장과 흥분을 일으키는 사건이 아닙니다. 그 이야기가 그리는 세계지요.

누구나 이야기의 창조자가 될 수 있습니다. 일정한 고통의 과정을 겪어야겠지만 누구나 글을 쓸 수 있고요. 저의 경우에는 일종의 결핍이 저로 하여금 글을 쓰게 만들었습니다. 저는 엄지손가락에 마디가 하나밖에 없는 선천성 기형을 가지고 있었기에 손을 쓰는 데 아주 서툴렀습니다. 뭔가를 직접 만드는 일이 힘들었습니다. 글을 쓰는 것은 펜을 굴리거나 타이프를 치면 되기에 저 같은 사람도 얼마든지 할 수 있는 일이었습니다. 몸의 노동이 아니라 정신의 노동이 필요한 것이니까요.

사람들은 흥미진진한 이야기를 듣고 싶어 합니다. 저는 옥스퍼드 대학에서 톨킨과 사귀게 되는 특권을 누렸습니다. 그가 내게 '반지의 제왕'에 대한 이야기를 들려줬을 때, 정말 흥미진진해서 "계속 들려줘. 계속"을 연발했습니다. 저는 그의 유일한 청중이었지요. 톨킨은 처음에 반지의 제왕 이야기가 그저 개인적 취미 정도에 불과하다고 생각했지만 저는 수많은 사람들에게 읽히는 위대한 작품이 될 것을 확신했습니다. 그래서 계속 다음 이야기를 들려달라고 재촉했습니다. 결국, 그는 반지의 제왕을 끝마쳤지요.

나 그러니까 '반지의 제왕'이라는 흥미진진한 작품은 루이스 선생님의 재촉과 격려에 의해 탄생된 것이나 다름없네요.

루이스 (하하) 꼭 그렇지는 않았겠지요. 어차피 어떤 경로를 통해서든 완성될 작품이었을 겁니다. 이 선생님이 '이야기의 힘'에 대해서 언급하셨는데 제가 무신론자에서 회심한 것도 친구들과의 이야기를 통해서였습니다.

회심의 그날을 정확히 기억합니다. 1931년 9월 19일이었지요. 그날 저는 톨킨과 다른 친구 휴고 다이슨과 함께 밤새 신화에 대한 이야기를 나눴습니다. 우리 모두는 신화와 다른 세계에 대한 관심이 있었습니다. 저는 6살 때부터 가상세계인 동물의 나라와 거기 사는 의인화된 동물들에 대한 이야기를 상상하며 썼습니다. 고대 신화, 특히 북구 신화들을 즐겨 읽었습니다. 나중에 알고 보니 톨킨도 저와 거의 비슷한 경험을 했었더라고요.

우리는 그날 신화가 그리스도 안에서 하나님의 계시와 어떤 관계에 있는지에 대한 이야기를 나눴습니다. 저는 신화를 본질적으로 거짓이라고 생각한 반면에 톨킨은 신화의 본질적 진리를 믿었지요.

그날 톨킨이 제게 한 말이 아직도 귀에 생생합니다. "이봐, 루이스. 언어 능력이 대상과 개념을 다루기 위한 고안물인 것처럼 신화는 진리를 다루기 위한 고안물이네. 우리는 하나님으로부터 나왔고, 우리가 엮어내는 신화들은 오류가 있긴 하지만 참된 빛, 하나님께 있는 영원한 진리의 깨어진 조각을 반영할 수밖에 없어. 참으로 인간은 신화창조를 통해서만 '하위 창조자'가 되어 이야기를 만들어 냄으로써만, 타락 이전에 알았던 완벽한 상태를 누릴 수 있지."

　그 말이 저의 뇌리를 쳤고 가슴에 담겼습니다. 그리고 그리스도의 이야기는 참된 신화로 다른 신화들과 똑같은 영향을 미치지만 그들 사이에 엄청난 차이점은 그리스도의 이야기라는 신화는 '실제로 벌어진 일'이라는 것을 깨달았습니다. 아, 제가 깨달았다기보다는 그 진리가 제게 훅 들어왔습니다. 저로서는 이야기를 통해서 이뤄진 놀라운 일이었습니다. 그러므로 어떤 이야기이든 결코 경시해서는 안 됩니다. 한 이야기는 어떤 사람의 인생에 결정적 전기를 가져다줄 수 있기 때문입니다.

나　친구의 이야기를 통한 루이스 선생님의 회심 이야기는 정말 흥미롭네요. 더구나 그 친구가 J.R.R. 톨킨이라니요. 선생님의 책 '스크루테이프의 편지'에 나오는 사탄의 전략 가운데 하나가 '생각이 머릿속에서만 뒹굴게 하도록 하라'는 것이었는데 인상 깊었습니다.

　대장 마귀인 스크루테이프가 신참 마귀 웜우드에게 이렇게 가르치죠. "하찮은 짐승(인간)이 자기 머릿속에서만 뒹굴게 하거라. 글재주가 눈곱만큼이라도 있거든

이 경험에 관해 책을 쓰게 하고. 글쓰기는 원수(하나님)가 영혼에 심은 씨앗을 말려 죽이는 데 종종 탁월한 효과를 내니까." 자신의 경험에 대해 머릿속에서만 뒹구는 것으로 글을 쓴다면 하나님이 영혼에 심은 씨앗을 말려 죽인다는 것입니다. 무서운 내용 아닙니까?

루이스 물론 스크루테이프는 상상력을 통한 결과물입니다. 회심 이후에 저는 '하나님의 입장'이 있다면 반대편에 '사탄의 입장'도 있다고 생각했습니다. 모든 것을 한 번 사탄의 입장에서 생각해보았지요. 매일 "내가 만일 사탄이라면…"을 읊조리면서 그들의 전략을 연구했어요. 뭔가를 의인화하는 것은 사실 저의 특기였답니다. 그래서 어린 시절부터 동물을 의인화한 것처럼 사탄을 의인화했지요. 그렇게 해서 나온 책이 스크루테이프의 편지입니다.

글쓰기와 관련해서 생생한 실화의 이야기를 통한 글쓰기가 아니라 단순히 머리에서 맴도는 것으로 끄적이다 보면 자신의 것이 아닌 것을 마치 자신의 것 인양 생각하면서 본질과 멀어질 수 있습니다. 아니, 반드시 멀어지게 됩니다. 생생한 경험이나, 하나님의 말씀에 기초한 글쓰기가 아니라 머릿속에서만 생각나는 것을 적다 보면 실재가 아닌 상상 속의 세계에만 머물게 됩니다. 그것이 믿음의 영역으로까지 연결됩니다.

예를 들어볼까요? 교만에 대해서 생각해봅시다. 저는 "분명히 교만하기 짝이 없는 사람인데, 자기는 하나님을 믿는다면서 아주 신앙적으로 행세하는 사람을 우리는 어떻게 생각해야 하는가?"라는 질문을 받은 적이 있습니다. 저는 단호하게 말할 수 있습니다. "그런 사람들은 직분 고하를 막론하고 '상상 속의 하나님'을 섬기고 있습니다"라고요. 허깨비 하나님을 믿고 있다는 것이지요.

그런 사람들은 이론적으로는 자기들이 하나님 앞에서 아무것도 아닌 존재임을 인정하지만, 실제 머리로는 그 허깨비 하나님이 자신들을 다른 사람들보다 훨씬 낫게 여기며 인정해 준다고 늘 생각합니다. 스스로 상상 속에서 만든 허깨비 하나님이 언제나 자신을 누구보다도 월등한 사람이라고 인정한다는 착각을 하는거죠. 그런 교만한 사람들이 크리스천이라고 불릴 수 없는 것은 당연합니다. 이제 스크루테이프가 웜우드에게 "사람들의 생각이 머릿속에서만 뒹굴게 하도록 하라"고 가르친 이유를 알 수 있겠지요.

결국 중요한 것은 '살아 있는 생생한 실화의 이야기'를 만들어야 한다는 것입니다. 두 분이 말씀하신 시장의 언어는 머릿속에서만 뒹구는 단어들이 아닐 것입니다. 글을 쓰는 사람들은 시끌벅적한 분위기에서 자신의 삶에 성실하며 생의 의지가 충만한 사람들이 쏟아내는 그 시장의 언어들을 채집해야 합니다. 그것이 살아 있는 이야기이지요. 그 이야기들은 모두 힘이 있습니다. 목사는 그런 언어들을 통해서 하나님의 진리를 선포하고, 크리스천 작가들은 그런 언어로 글을 써야 합니다. 그럴 때, 전달되는 언어나 글은 사람들을 일시에 변화시킬 힘을 갖게 됩니다.

교만과 겸손

나 방금 루이스 선생님께서 '상상 속의 허깨비 하나님'을 믿는다고 착각하는 교만한 사람들에 대해 언급하셨습니다. 사실 십자가의 돌아섬, 즉 절절한 터닝의 체험이

4부 헤어질 결심

있는 사람들에게 교만이란 있을 수 없습니다. 나는 죽고 예수가 사는 삶을 추구하는 사람에게 교만은 정말 어울리지 않지요.

그러나 실제로 우리 삶에서 교만은 여전히 왕성하게 작동합니다. 신실한 크리스천이라고 하지만 자기주장이 강한 것을 넘어 심각하게 교만한 사람들을 도처에서 만나게 됩니다. 때론 영적 지도자들 가운데에서도 거들먹거리는 분들을 발견하게 됩니다. 무례한 분들도 많고요.

우리 주변에 종종 만나는 그들을 어떻게 봐야 할까요? 그들뿐 아니라 우리 모두에게는-아무리 경건하든, 그렇지 않든-마음 한가운데에 교만이 자리 잡고 있습니다. 내 안에 턱 자리 잡은 교만이란 놈을 어떻게 처리해야 할까요? 이번엔 교만의 문제에 대해 이야기를 나누면 좋겠습니다.

루이스 저도 교만의 문제에 대해서 깊이 생각해보았습니다. 신실한 신앙인처럼 행세하는 사람들에게서 교만이 보여질 때, 더욱 역겨운 느낌을 받습니다. 그러나 교만은 그런 차원을 훨씬 뛰어넘는 중대한 문제입니다. 저는 교만이 인간이 지을 수 있는 가장 큰 악이라고 생각합니다. 교만은 가장 핵심적이며 가장 궁극적인 악이죠. 솔직히 성적 부정, 분노, 탐욕, 술 취함 등과 같은 것들은 이 교만이라는 악에 비하면 새 발의 피에 불과합니다.

혹자는 어떻게 교만이 위에 거론된 탐욕이나 성적 부정보다 더 사악하다고 할 수 있겠느냐며 항변할 수도 있을 것입니다. 교만을 세상 살아가는 데 있어 양념과도 같게 여기는 분들도 있겠지요. 모두에게는 일정 부분 교만의 요소가 있으니까요.

그러나 교만이 간단한 악이 아니라 가장 중요한 악인 이유는 그것을 통해 온갖 악이 연결되기 때문입니다. 사탄이 왜 사탄이 되었습니까? 바로 교만 때문입니다. 세상이 시작된 이래 모든 나라와 가정을 불행하게 만든 주된 원인이 교만입니다. 교만은 언제나 적대감을 일으키지요. 처음에는 인간들 사이의 적대감을 야기하지만 최종적으로는 하나님에 대한 적대감에까지 이르게 됩니다. 이것이 정말 교만의 무서운 측면입니다.

이어령 우리는 앞서 '메멘토 모리'에 대해서 이야기를 나눴는데요, "죽음을 기억하라"는 뜻이지만 결국은 교만하지

4부 헤어질 결심

말고 겸손하게 행하라는 내용입니다. 로마나 그리스 사람들은 교만을 아주 경계했습니다. 지나친 성공을 거두게 되어 우쭐하게 되면 신들의 질투를 받게 된다고 생각해서였지요.

로마의 원로들은 원정에서 승리를 거둔 개선장군이 시가행진할 때면 노예를 그 행렬 뒤에 따라가게 하면서 메멘토 모리를 외치게 했습니다. 이는 "전쟁에서 좀 승리했다고 너무 기고만장하지 말아라. 네가 오늘은 개선장군이지만 언젠가는 죽게 될 것이다. 그러니 교만하지 말고 늘 겸손하라"고 말하는 것입니다. 아무리 세상에서 큰 업적을 쌓았다 하더라도 무덤에 들어가면 그 업적이 무슨 소용이 있겠습니까?

누군가 세상에서 가장 가치 있는 땅은 바로 무덤이라고 하더군요. 그곳에는 우리가 미처 사용하지 못한 아이디어, 이루지 못한 꿈, 회복되지 않은 관계 등 모든 것이 묻혀 있기 때문이랍니다. 자신의 무덤을 생각하는 사람은 겸손한 사람입니다. 교만한 사람은 절대로 무덤을 생각하지 않습니다.

나   그렇군요. 정말 자신의 무덤을 생각하며 사는 사람은 결코 교만할 수 없을 것입니다. 무덤이야말로 세상에서 가장 가치 있는 땅이라는 말은 많은 것을 생각하게 합니다.

이어령 루이스 선생님이 교만을 인간이 지을 수 있는 악 중에 가장 큰 악이라고 규정하셨는데 정말 맞는 말입니다. 창조 이래로 인간이 끊임없이 추구했던 최상의 목표는 신과 같이 되는 것이었죠. 기독교로 말하자면 하나님과 같이 되려는 욕망입니다. 하나님께 의탁하는 의존자가 아닌 스스로 선 자존자가 되려는 것입니다. 자존자로서 자기가 삶의 표준을 만들어 낼 수 있다고 자신한 것이죠.

창조주이신 하나님께 대항하는 피조물 인간의 의지가 모든 죄의 본질이며 뿌리인데 인간은 자존자가 되어 창조주께 대항하려 했던 것입니다. 그런 기질이 지금까지 이어지고 있습니다. 겉으로는 좋아 보이는 단어지만 인간이 중심이 되는 '진보'나 '완전함' 등이 사실은 하나님 입장에서는 반역이 되는 거지요. 교만은 하나님으로부터 일종의 독립선언을 하는 것입니다.

자존자로서의 인간은 다른 자존자들과 비교하며 경

쟁합니다. 경쟁을 통해서 교만은 더욱 강화됩니다. 그러다 보면 교만한 사람의 마음 밭은 거칠어질 수밖에 없습니다. 교만의 반대말이 겸손입니다. 겸손(Humility)은 라틴어 후무스(Humus)에서 나온 단어예요. 후무스는 색깔이 짙고 영양분과 유기질이 많은 흙을 말합니다. 겸손은 좋은 흙이지요. 거기서 씨앗이 발아되어 열매를 맺어 많은 사람들에게 유익을 끼칩니다.

교만은 거친 흙으로 거기서는 어떤 열매도 맺힐 수 없습니다. 최종적으로는 자신을 망하게 합니다. 성경이 "누구든지 자기를 높이는 자는 낮아지고 누구든지 자기를 낮추는 자는 높아지리라"(마 23:12)고 말하는 이유가 여기 있습니다. 하나님은 지천에 깔린 흙으로 사람을 만드셨습니다. 그리고 거기에 생명의 숨결을 넣으셨습니다. 사람 안에 가장 높은 것과 가장 낮은 것이 결합되어 있는 것이지요. 교만과 겸손의 요소가 인간 안에 다 들어 있습니다. 어떤 것이 외적으로 발현되느냐에 따라서 결정적 차이가 나옵니다.

나   성경에도 교만의 위험성과 겸손의 필요성에 대해 자주 언급되어 있습니다. 베드로 사도는 "겸손으로 옷 입으라"(벧전 5:5)고 권면했습니다. 누가 옷을 입혀주는 것이 아니라 자기가 입는 것이지요. 그러니까 겸손을 위해서는 의지가 필요하다는 말이라고 볼 수 있습니다.

　루이스 선생님은 교만을 '영적인 암'으로까지 규정하셨는데요 그렇다면 내가 교만하다는 사실은 어떻게 확인되며 교만이라는 영적 암 덩어리를 없애는 방법은 무엇입니까?

루이스　네. 교만은 정말 영적인 암과 같습니다. 암은 쉽게 전이가 되어 다른 장기들을 망칩니다. 교만이 그렇습니다. 일단 교만이 들어오면 사랑이나 자족하는 마음, 심지어 상식까지 갉아먹습니다. 우리를 파멸시키는 죽음의 덫이라고도 할 수 있습니다. 절대로 간단한 상대가 아닙니다.

　이 선생님께서 자존자와 의존자에 대해 이야기를 하셨는데요, 맞습니다. 사탄은 끊임없이 우리와 하나님의 사이를 갈라놓으려 합니다. 그럴듯한 방법으로요. 자신이야말로 자기 운명의 주인이며, 영혼의 선장이라고 여기게 합니다. 스스로가 재판관이 되는 것입니다. 어떻게 보면 이것은 창조주에 대한 반역행위입니다. 그래서 교만이 영적인 암으로 우리를 파멸시키는 죽음의 덫이

　　　　　　　　　　　4부 헤어질 결심

라고 말하는 것입니다.

자신이 교만한지 아는 간단한 방법이 있습니다. 자신이 교회에 나간다는 사실 하나 때문에 스스로 선한 사람으로 느껴질 때는 분명히 교만하다고 보면 됩니다. 무엇보다 자신이 다른 사람보다 낮게 느껴질 때는 하나님이 아니라 사탄을 따르고 있다고 봐야 합니다.

온전히 하나님을 만난 사람들은 자신을 무가치한 존재로 여깁니다. 자기 안에 선을 행할 어떠한 요소도 없다는 것을 깨닫습니다. 최종적으로는 자신에 대해 완전히 잊어버립니다. 세상과 나는 간 곳 없고, 구속한 주만 보이는 단계입니다. 시몬 베유는 이런 말도 했지요. "자기를 낮추는 것은 정신적인 중력을 거슬러 올라가는 것이다. 정신적인 중력은 우리를 높은 곳에서 떨어뜨린다." 자기를 완전히 잊는 정도로까지 낮추는 것이 우리의 목표가 되어야 합니다.

이어령 저는 암에 걸려보았기 때문에 교만은 영적인 암이라는 표현이 더욱 실감 나게 다가오는 것 같습니다.

루이스 사탄이 인간을 조종할 때, 최우선으로 활용하는 것이 교만입니다. 사탄은 여러분 안에 교만을 자리 잡게 하기 위해서는 다른 것들은 얼마든지 양보하려 합니다. 영적인 암을 퍼뜨리기 위해 다른 사소한 병들쯤은 쉽게 치유될 수 있도록 허용하는 것이죠. 그래서 교만을 절대로 가볍게 여기지 말라고 강조한 것입니다.

해결책에 대해서도 질문하셨는데요, 방법은 단 하나입니다. 교만의 문제는 전적으로 영적인 문제이기에 하나님을 만나는 것 외에는 방법이 없습니다. 하나님이 우리 마음을 수술해주셔야 합니다. 마음의 수술을 통해 영적인 암 덩어리를 제거해야 합니다. 그것은 하나님만이 하실 수 있습니다. 그래서 우리는 끊임없이 그분의 은혜를 간구해야 하는 것입니다.

이어령 제 딸 이민아 목사는 하나님이 우리 '마음의 수술'을 해주셔야 진짜 사랑할 수 있다고 늘 강조했지요.

루이스 그렇군요. 마음의 수술을 받는 것이 중요합니다. 베드로 사도는 겸손의 옷을 입어야 한다고 하셨습니다. 마음의 수술을 받는 것과 겸손의 옷을 입는 것은 같은 의미입니다. 겸손의 옷을 입기 위해서는 그동안 우리가 입고 다녔던 교만의 의상들을 벗어 던져야 합니다. 그런 의지를 발휘하는 것 역시 하나님과의 만남을 통해서 가능해집니다. 겸손을 위한 첫걸음은 바로 자신이 교만하다는 사실을 깨닫는 것입니다.

적어도 이 겸손의 걸음을 내딛기 전까지는 모두가 상상 속의 하나님, 허깨비 하나님을 믿고 있는 것과 다름이 아닙니다. 자신이 교만했음을 인정함과 동시에 자신에 대해 완전히 잊고 스스로 더럽고 죄인이라는 의식 가운데 겸손하게 하나님을 향한 여정을 시작할 때, 그때에야 상상 속의 허깨비 하나님이 아니라 살아계신 전능의 주를 믿을 수 있으며 그런 사람들이 크리스천이라 일컬음을 받을 수 있습니다.

교만한 사람, 그러니까 자존자의 삶을 사는 사람들은 절대로 행복할 수 없습니다. 늘 비교하며 경쟁적이기에 불안합니다. 인간은 하나님을 만나고, 하나님을 섬길 때만 행복하게 됩니다. 제 친구 도로시 세이어즈가 말한 대로 우리는 우리 자신을 섬김으로써 스스로를 행복하게 만들 수 없는 존재로 인간의 행복은 하나님을 섬길 때 생기는 부산물입니다.

무엇보다도 은혜의 용광로를 통과한 사람은 절대로

교만할 수 없습니다. 그 사람은 자신이 철저한 의존자임을 자각하며 중심에 언제나 하나님을 두니까요.

나 두 분의 말씀을 듣다 보니 앤드류 머레이의 책 '겸손'에 나오는 "영생을 위한 모든 노력은 교만과 겸손 사이의 충돌에 있으며 교만과 겸손은 인간을 영원히 소유하기 위해 싸우는 두 주인의 권세이자 두 왕국이다"는 말이 생각납니다.

정말 우리는 매일 교만과 겸손의 충돌 가운데 살아가고 있는 것 같습니다. 어느 쪽을 선택하느냐에 따라 우리 운명이 갈립니다. '남아프리카의 성자'로 불린 머레이는 교만을 그저 하나의 부적당한 성격으로 보지 말라면서 교만은 사망과 지옥이고 겸손은 생명과 천국이라고 했습니다. 루이스 선생님의 견해와 똑같지요.

겸손은 과거나 미래에나 오직 한 가지, 그리스도의 겸손밖에 없으며 피조물 된 우리는 겸손하신 주님의 마음을 받아 억세고 드센 자신의 고집으로 얽히고설킨 악한 뿌리를 걷어내야 한다는 머레이의 말을 깊이 새겨들어야 할 것 같습니다. "인간의 행복은 하나님을 섬길 때 생기는 부산물"이라는 도로시 세이어즈의 말도 여운이

4부 헤어질 결심

남습니다.

인본주의를 넘어 하나님 중심주의로

나　이제 '하나 됨'과 '존중'에 대해, 그리고 우리 사회가 가야 할 길에 관한 이야기를 나누고 싶습니다. 요한복음 17장에 나온 대로 하나 됨은 주 예수 그리스도의 소원이기도 합니다. 신자들의 하나 됨을 통해 세상은 성부 하나님이 성자 예수님을 보내신 것을 믿게 된다는 것입니다.

하나 됨, 즉 연합을 위해서는 서로에 대한 존중이 필요합니다. 그러나 현실 사회에서 하나 됨은 쉽게 이뤄지지 않습니다. 연합보다는 분열이, 존중보다는 비방이, 포용보다는 배제가 익숙한 모습입니다. 특히 한국 사회에 이런 경향이 큽니다.

최근 한국에서 많이 회자되는 단어가 '확증편향'입니다. 확증편향은 선입관을 뒷받침하는 근거만 수용하고, 자신에게 유리한 정보만 선택적으로 수집하는 것입니다. 자기가 보고 싶은 것만 보고, 믿고 싶은 것만 믿는 현상으로 정보의 객관성과는 상관이 없습니다. 지금 대한민국 사회를 이 확증편향의 현상이 뒤덮고 있는 것 같습니다. 저마다 믿고 싶은 것을 편향적으로 믿으며 나와 다른 이들의 주장을 배제합니다. 모든 것을 우적 (友敵)관계로 설정하고 오직 '내 편'과만 소통합니다. 내 편이 아닌 상대방들은 철저히 배제합니다. 그럼으로써 이 땅에서 소위 진보와 보수와의 간격은 더욱더 커지고 있습니다.

기독교계에서도 확증편향 현상은 심각합니다. 좌파와 우파라는 관점으로 서로를 바라보는 것은 일반 사회와 다름이 없습니다. 모두가 성경을 기준으로 판단한다고 합니다만 확증편향된 사고 속에서는 같은 성경을 갖고도 정반대의 결론을 내릴 수 있습니다. 이런 가운데 한국교회와 한국사회에 하나 됨과 연합보다는 분열과 배제가 보편적 현상으로 자리 잡고 있습니다. 심각한 문제가 아닐 수 없습니다.

루이스 선생님도 이 문제에 대해 깊은 관심을 보이신 것으로 알고 있습니다. 선생님이 살던 시기에도 영국은 물론 전 세계적으로 좌파와 우파 간의 대립이 극심했습니다. 변증가로서 선생님은 기독교와 사회, 기독교와 정치에 대해서도 뭔가를 말해야 했을 것 같습니다.

사실 지금 정치, 사회와 관련된 문제는 좀처럼 결론을 내리기 힘듭니다. 모두가 확증편향적 시각을 갖고 있기 때문입니다. 그래서 이런 문제를 거론하는 것 자체가 조심스럽습니다. 물론 선생님도 그러셨겠지요. 이 선생님도 우리 시대의 어른으로서 이 하나 됨의 문제에 대해 심각하게 숙고하셨을 것 같습니다.

루이스   그동안 인류에게는 수많은 위기가 닥쳐왔고 앞으로도 그 추세는 변함없을 것입니다. 아니, 훨씬 더 가속화되겠지요. 이 세상에는 두 개의 가치관이 서로 충돌하며 존재해왔습니다. 바로 인본주의 가치관과 하나님 중심, 그러니까 신본주의 가치관입니다. 제가 판단하기로 인류의 위기는 사람들이 성경의 진리에서 떠나 인본주의 가치관을 따른 결과물들입니다.

하나님 중심의 가치관을 지닌 사람들에게는 다음과 같은 분명한 삶의 기준이 있습니다. '하나님께서는 분명히 살아 계신다. 그분은 우주와 역사의 주관자이시다. 그리고 그분은 이 땅의 모든 분야, 즉 정치 경제 사

회 문화 등 전 영역에 개입하시는 전지전능하신 분이시다. 그 하나님이 지금도 이 땅을 통치하신다.'

나   말씀을 듣다 보니 네덜란드의 수상을 역임했던 아브라함 카이퍼가 주장한 '영역주권'이 생각납니다. 그는 하나님의 주권 아래 모든 영역이 서로에게 영향을 주면서 톱니바퀴처럼 맞물려 간다고 했습니다. 우리 삶의 모든 영역(가정, 교회, 국가, 교육, 사회, 문화 등)이 각자 원을 이루고 있다고 가정할 때, 각 원은 구별되어야 하지만 그 중심에는 반드시 주권자이신 하나님이 계셔야 한다는 주장이었습니다.

루이스   네. 아브라함 카이퍼의 사상은 우리가 깊이 연구해야 한다고 생각합니다. 하나님이 이 땅의 모든 영역에 개입하신다는 것을 믿는 사람들은 "교회는 마땅히 세상을 이끌어야 한다"고 강조합니다. 이것은 무슨 뜻으로 말했느냐에 따라 옳은 말이 될 수도 있고 그른 말이 될 수도 있습니다.

이것이 옳은 말이 되려면 그들이 말하는바 '교회'는 곧 실천적인 그리스도인 전체를 가리켜야 합니다. 그리

4부 헤어질 결심

고 '교회가 세상을 이끈다'는 말은 어떤 그리스도인들, 가령 경제나 정치에 적합한 재능을 가진 그리스도인들은 경제학자나 정치가가 되어야 하며, 모든 경제학자와 정치가는 그리스도인이어야 하고, 그들은 정치와 경제 분야에서 "남에게 대접을 받고자 하는 대로 너희도 남을 대접하라"는 원칙을 실천하기 위해 모든 노력을 기울여야 한다는 뜻이 되어야 합니다. 만일 그런 일이 정말 일어난다면, 그리고 그리스도인이 아닌 다른 이들이 그런 일을 기꺼이 받아들인다면, 상당히 빠른 시간 안에 우리 사회의 문제들을 풀어낼 기독교적 해결책을 찾을 수 있을 것입니다.

하나 됨에 대한 질문을 하셨는데요, 제가 살던 시대에도 소위 좌파와 우파의 충돌이 심했습니다. 전쟁을 겪었고 새로운 사상이 발흥되어 본격적으로 전개되던 시대였으니까요. 좌파와 우파의 사람들은 모두 교회가 세상을 이끌도록 촉구했습니다. 이것은 목회자나 교회 리더들이 정치적 견해를 분명히 밝혀서 무언가의 프로그램을 제시해 주라는 것입니다.

그러나 그것이 목회자나 교회 리더들이 교회를 통해서 해야 할 가장 우선적인 일은 아닙니다. 목회자들은

'영원에 관계된 일'을 하도록 부름을 받은 사람들이니까요. 그들은 정치와 사회의 전문가들은 아닙니다. 그럼에도 강단에서 정치나 사회의 일들에 관해 성경적 견해나 해법을 밝히는 것은 얼마든지 가능하고 필요한 일입니다.

'하나님이 모든 영역의 주관자시다'는 관점에서 우리는 그분의 통치가 자신이 거하는 영역에 임할 수 있도록 구별된 존재로 살고, 때에 따라서는 저항하며 성경적 가치관을 주장해야 합니다. 그 작업을 통해서 하나됨보다는 오히려 분열이 더욱 가속화될 가능성이 있다는 점은 주의해야 하지만요. 청중들은 물론 그 주장을 펼치는 사람들까지도 아까 말씀하신 확증편향적인 사고에서 벗어나기가 쉽지 않으니까요.

이어령 후기 인상파 화가인 폴 고갱의 작품 가운데 '우리는 어디서 왔는가, 우리는 무엇인가, 우리는 어디로 가는가'라는 제목의 그림이 있습니다. 고갱은 이 그림을 통해 동시대를 사는 사람들에게 근원적인 질문을 던졌습니다. 그것은 정체성에 대한 질문이면서 동시에 세계관에 대한 질문이기도 합니다.

인간은 자신이 어디서 왔으며 어디로 가는지에 대해 늘 의문을 갖고 그에 대한 해답을 알고 싶어합니다. 인간의 본래적인 질문을 고갱은 그림으로 표현한 것이죠. 현시대를 사는 우리도 그 질문에 대답해야 합니다. 우리는 누구이며, 어디서 와서 어디로 가는 것일까요?

　그런데 한 인간이 어떤 세계관을 갖고 있는가에 따라 그 질문에 대한 대답은 완전히 달라집니다. 루이스 선생님이 인본주의와 신본주의에 대해서 말씀하셨는데요, 이 둘 가운데 어느 쪽을 선택하느냐에 따라 질문의 답은 천양지차(天壤之差)가 됩니다.

　중세시대에 균열을 낸 르네상스 운동은 철저한 인본주의 운동이었습니다. 우리는 이번 대담에서 지속적으로 자존자와 의존자, 자력갱생과 은혜에 대한 이야기를 나눴습니다. 르네상스 인본주의자들은 하나님이 모든 것의 중심인 기독교의 신본주의 세계관에서 벗어나 인간이 사물의 중심이고 모든 것의 척도였던 고대 그리스, 로마 시절의 세계관으로 회귀하려 했습니다. 인간은 자존자로서 자력갱생을 통해 선과 구원을 이룰 수 있다고 주장한 것이죠. 자율적 존재인 인간이 세계의 중심이라는 신념 체계는 중세를 넘어 근대와 현대에까지 이어지고 있습니다.

나 그러고 보니 자존자와 의존자에 대해서 특히 많은 이야기를 나눈 것 같습니다. 그만큼 중요한 주제인 것 같습니다.

이어령 맞습니다. 너무나 중요하지요. 저는 지금 펼쳐지고 있는 인간 사회의 분열과 충돌의 궁극적 성격은 인본주의와 신본주의의 대결이라고 봅니다. 자존자가 되느냐, 의존자가 되느냐의 싸움이지요.

저는 물론 인문학자로서 오랜 세월 동안 르네상스 인문주의자들의 주장에 동조했습니다. 지성과 이성의 힘으로 글을 썼고 무신론을 견지했습니다. 교회로 대변되는 기독교나 하나님은 제 인생에서 별 고려 대상이 아니었어요. 그러다 딸의 아픔을 계기로 운명처럼 하나님을 찾게 되었습니다. 인본주의 세계관에서 하나님 중심 세계관으로 발을 내디딘 것입니다. 그때 '의문은 지성을 낳고 믿음은 영성을 낳는다'는 사실을 깨달았습니다.

인본주의자와 신본주의자는 저마다 확증편향된 시각

을 갖고 있습니다. 하나님 중심과 인간 중심이라는 너무나 다른 기반을 갖고 모든 것을 바라보며 논리를 전개해 나가기에 충돌이 일어날 수밖에 없습니다. 그러므로 이 땅에서의 하나 됨은 결코 간단치 않습니다. 저처럼 인본주의에서 신본주의로 방향을 전환한 사람이 있는 반면에, '나는 왜 기독교인이 아닌가'(Why I am not a Christian)를 쓴 철학자 버트런드 러셀과 같이 하나님 중심의 삶에서 무신론자의 삶으로 방향을 튼 사람도 있습니다.

세상에는 두 종류의 사람들이 함께 살아가고 있는 것이죠. 좌파와 우파, 부자와 가난한 자, 배운 자와 못 배운 자 등…. 이런 모든 것을 뛰어넘고 어떻게 하나가 될 수 있을까요? 저는 답은 주 예수 그리스도와 십자가에 있다고 봅니다. 인본주의건 신본주의건 인간이 절대적이라고 여기는 여러 영역이 있을 것입니다. 이를테면 악과 정의, 사랑과 미움, 배제와 포용, 용서 등에 대해 각자가 생각하는 바가 있지요. 이들 절대적이라고 여기는 영역에서도 다름과 차이는 엄연히 존재합니다. 그런데 우리가 앞서 언급한 대로 이들 모든 절대적인 것들이 수렴된 한 장소가 있으니 바로 갈보리 언덕의 십자가였습니다. 그 십자가에서 인간이며 하나님이신 분, 주 예수 그리스도가 인류의 죄를 대신 지셨습니다. 우리를 구속하여 주신 것이죠. 거기 십자가에서, 그리고 그분, 주 예수 그리스도 안에서 우리는 하나가 될 수 있습니다. 그 외의 어떤 인간적인 노력도 만족할만한 결과를 도출할 수 없습니다.

나 결국, 결론은 주 예수 그리스도로 귀결되는군요. 종교개혁은 르네상스 이후 인본주의의 세계관을 하나님 중심의 세계관으로 돌리려는 운동이었습니다. 종교개혁자들은 자존자로서의 인간에게 소망을 두는 것이 아니라 성경과 초대교회의 순수한 기독교로 돌아가자고 외쳤습니다.

　미국의 기독교 철학자이자 복음주의 운동가였던 프란시스 쉐퍼는 종교개혁을 '시대의 정석'으로 여겼습니다. 하나님의 피조물인 자연에 대한 바른 인식, 신격화된 헛된 인본주의에서 피조물로서의 바른 사람으로, 왜곡된 권위와 세속적 가치관에서 오직 성경에 근거한 믿음으로 되돌아간 시기가 바로 종교개혁 시대라고 본 것입니다.

쉐퍼에 따르면 세상에는 두 종류의 사람만 존재하는데 창세기 1장 1절을 믿는 자와 그것을 믿지 않는 자입니다. "태초에 하나님이 천지를 창조하셨다"라는 그 놀라운 말씀을 믿는 여부에 따라 기독교 세계관을 선택할지, 인본주의 세계관을 선택할지가 결정되는 것이죠. 쉐퍼는 선택은 자유지만 그 자유의 결과에 대한 책임을 져야 한다고 강조했습니다.

그는 "우리의 기반은 든든한가. 삶의 의미를 더해주는 기반은 진정 어떤 것이어야 하는가?"라고 물으며 종교개혁가들이 갈구하고 되돌아갔던 5대 기치를 다시금 들어올려야 한다고 강조했습니다. 종교개혁의 5대 강령은 '오직 성경'(Sola Scriptura) '오직 그리스도'(Sola Christus) '오직 은혜'(Sola Gratia) '오직 믿음'(Sola Fide) '오직 하나님께 영광'(Soli Deo Gloria)입니다. 한국교회를 두고 제2의 종교개혁이 일어나야 한다고 말하고 있는 지금 우리에게 너무나 필요한 강령이 아닐 수 없습니다. 크리스천들이 이 5대 강령을 진실로 실천해 나갈 때 우리의 하나 됨은 가능하며 우리 사회의 모든 문제점에 대한 기독교적 해결책도 나올 수 있을 것입니다.

루이스 전능하신 하나님의 계시로 가득 찬 성경의 진리로 돌아가는 것이야말로 지금 시급한 우리의 과제입니다. 성경의 진리로 돌아갈 때, 참된 기독교 사회는 이 땅에서 구현될 것입니다.

누군가 이상적인 기독교 사회를 방문하면 요즘의 관점으로 좌파와 우파의 사회가 혼재되어 있다는 사실을 발견하게 될 것입니다. 그 사회의 경제생활은 아주 사회주의적이며 그런 의미에서 진보적이지만, 가정생활과 예의범절은 오히려 보수적인 것을 넘어 구식이라고 느낄 것입니다. 그 사회에서 마음에 드는 부분들은 각자 있어도, 그 사회 전체를 좋아할 사람은 극히 드물 것입니다.

기독교가 인간이라는 기계의 전체 설계도라고 가정해봅시다. 우리 모두는 각기 다른 방식으로 그 설계도에서 이탈했고, 원래 설계도를 변경한 자신의 설계도야말로 진짜라고 믿고 싶어합니다. 확증편향을 하는 것이죠. 확증편향에 들어가면 모두가 성경을 기준으로 한다고 해도 각자가 풀과 가위를 들고 자기가 확증하는 부분은 풀로 붙이고, 그렇지 않은 부분은 가위로 잘라 버립니다.

4부 헤어질 결심

나　역사가 E.H. 카가 '역사란 무엇인가'란 책에서 가위와 풀로 만든 역사에 대해 언급했지요. 말씀을 들으며 '구멍 난 복음'이라는 말도 떠오릅니다.

루이스　네 맞습니다. 영국의 역사가 에드워드 카는 옥스퍼드 대학에서 정치학 교수를 했기에 저도 잘 알고 있습니다. 구멍 난 복음이란 표현도 좋네요. 지금 우리 모두는 각자 풀과 가위를 통해 기이하게 편집된 성경을 갖고 있는 셈입니다.

　대부분의 경우, 사람들이 성경이 말하는 기독교 사회에 대한 주제에 관심을 갖는 것은 기독교가 말하는 바를 정말 알기 위해서가 아닙니다. 자신이 속한 진영의 입장을 지지해 줄 내용을 기독교에서 끌어다 쓰려는 것일 뿐입니다. 이런 현상은 제가 살았던 1940년대와 50년대에 아주 심하게 나타났습니다. 주님을 만나야 할 곳에서 '내 편'을 찾고 있었던 것이죠. 갈보리 십자가에서 이 세상의 절대적인 것들이 수렴되었는데 정작 우리는 성경을 읽으면서도 자신의 확증편향 현상을 강화시킬 뿐입니다.

　이쯤 되면 "루이스씨, 도대체 어떻게 하라는 말입니

까?"라는 볼멘소리가 나올 수 있겠죠. 사실 이런 이야기는 아무리 해도 결론이 나지 않습니다. 우리가 가야 할 온전한 기독교 사회는 우리 대다수가 진정으로 원하기 전에는 도래하지 않을 것입니다. 입으로는 '이웃사랑'을 아무리 외쳐도 하나님 사랑하기를 배우지 않는 한 내 이웃을 내 몸같이 사랑할 수 없습니다. 그리고 하나님께 순종하는 법을 배우지 않는 한 그분을 사랑할 수 없습니다. 그래서 본회퍼 목사님이 생전에 입이 닳도록 "오직 믿는 자만이 순종할 수 있고 순종하는 자만이 믿을 수 있다"고 말씀하신 이유가 여기에 있지 않겠습니까?

저는 기독교인들은 사회적인 문제도 본질적으론 종교적인 접근을 통해 해답을 찾아야 한다고 믿습니다. 종교개혁가들이 그렇게도 "성경으로 돌아가자"고 한 뜻을 헤아려야 할 것 같습니다.

이어령 성경 히브리서를 읽다가 "영문 밖으로 나아가자"란 문구를 보았습니다. 이 말씀 속에 나오지요. "그러므로 예수도 자기 피로써 백성을 거룩하게 하려고 성문 밖에서 고난을 받으셨느니라 그런즉 우리도 그의 치욕을

짊어지고 영문 밖으로 그에게 나아가자"(히 13:12~13) 여기서 '영문 밖'이란 말이 아주 인상 깊게 다가왔습니다. 예수님은 '성문 밖'에서 인류 구원을 위해 친히 십자가에 달리셨습니다. 예수님처럼 살기 원해서 크리스천이 된 우리 역시 좁디좁은 나만의 성 안에서 나와야 합니다.

복음은 교회 안에만 머물러선 안 됩니다. 흘러나가야지요. 생명은 흐르게 되어 있습니다. 생명이 흐르는 곳마다 살아나는 역사가 일어납니다. 우리는 예수님을 믿으면 믿을수록 더욱더 '품이 넓은 사람'이 되어야 합니다. 아니 진실로 믿는다면 자기만을 위하는 삶이 아니라 성문 밖의 사람들을 안을 수 있는 품이 넓은 사람이 반드시 될 것입니다.

'영문'을 '진영'이라고 바꿔보세요. 히브리서의 구절은 "진영 밖으로 나아가자"가 됩니다. 지금 하나 됨에 대해 이야기를 나누고 있는데, 각자의 진영 밖으로 나가지 않고서는 절대로 연합이 이뤄질 수 없습니다. 자기 진영 밖으로 나가, 내편 네편 가리지 않고 복음 안에서 하나가 되어 하나님 나라를 이 땅에 구현해 나가는 것이 부름 받은 크리스천들의 사명이 아닐까 싶습니다.

나   우리가 허물어야 하는 것 가운데 하나가 '진영 논리'라고 봅니다. 그것을 허물고 과감하게 진영 밖으로 나가 다른 진영의 사람들과 함께 하는 것이 필요한 시대입니다.

이어령   진영 논리에 함몰되어 버리면 자연스럽게 다른 진영의 사람들을 배제하고 차별하게 됩니다. 그런데 성경을 읽어보면 예수님은 절대로 어떤 인간도 차별하거나 배제하지 않으셨습니다. 다 사랑으로 '끝까지' 품으셨습니다.

　지금 우리는 차별하고 배제하는 것이 일반화된 사회에 살고 있습니다. 기독교인들조차도 그 대열에 합류하고 있는 듯합니다. 예수님이 배제하지 않은 사람들을 우리가 무슨 권리로 배제할 수 있단 말입니까? 그럴 수 없습니다! 크리스천들은 믿는 순간부터 희생하기로, 십자가를 지기로 스스로 결정한 사람들입니다. 십자가는 남을 살리기 위해 자신을 희생하는 것입니다. 부디 진영을 넘어, 진보와 보수를 넘어, 남과 북을 넘어 공동체의 선을 위해 헌신하는 하나님 나라 백성이 되기를 소망합시다.

나 요한복음 17장 21절에서 주님은 "저희도 다 하나가 되어"라고 기도하셨습니다. 그럼에도 사회는 물론 그리스도의 몸 된 교회 안에서 많은 분열이 있는 현실이 안타깝습니다. 우리가 '더 큰 동그라미'를 그려 그 안에 지치고 힘든 많은 이들이 들어올 수 있게 해야 하는데 오히려 우리의 동그라미는 갈수록 오그라들고 있는 듯합니다.

우리 각자가 자아의 죽음을 경험하며 고운 가루처럼 빻아지고 서로 섞인 그 가루 위에 주 예수님의 보혈의 피가 뿌려질 때라야 진영을 넘어 진정 하나가 될 수 있을 것입니다. 종교개혁자들이 주창한 '오직 예수 그리스도'만이 우리를 하나가 되게 할 수 있으며 그때 시편 133편에 있는 참된 연합이 이뤄지리라 믿습니다. 한번 읽어볼까요?

"보라 형제가 연합하여 동거함이 어찌 그리 선하고 아름다운고 머리에 있는 보배로운 기름이 수염 곧 아론의 수염에 흘러서 그의 옷깃까지 내림 같고 헐몬의 이슬이 시온의 산들에 내림 같도다 거기서 여호와께서 복을 명령하셨나니 곧 영생이로다"

나   두 분의 귀한 말씀 감사드립니다. 이제 아쉽지만 마무리를 지어야 할 시간입니다. 물론 하실 말씀은 너무나 많으시겠지만 독자들을 향한 마지막 멘트로 이번 대담을 마치도록 하죠.

루이스   오늘 이 선생님 뵙고 이야기 나누게 되어 너무나 기뻤습니다. 많이 배웠습니다. 감사드립니다. 독자들에게 이 말씀을 드리고 싶습니다. "부디 유한한 이 세상에서 참된 진리를 구하시기 바랍니다. 여러분이 진리를 구한다면 결국 위안을 발견할 것입니다. 그러나 위안 그 자체만 구한다면 위안도 진리도 얻지 못한 채, 오로지 감언이설과 몽상에서 출발해서 절망으로 마치고 말 것입니다."

이어령   저야말로 루이스 선생님 뵙게 되어 큰 영광이었습니다. 음, 마지막 멘트라고요…. 네. 이 말로 마감하죠. "이 세상에서 진짜 기적은 단 하나, 부활과 영원한 생명입니다. 주 예수 그리스도와 더불어 동행하는 삶을 사시기 바랍니다."

4부 헤어질 결심

나   오늘 두 분 너무나 감사드립니다. 중국과 인도, 아프리카에서 죽기까지 복음을 전한 C.T. 스터드 선교사님의 말씀으로 모든 것을 마무리하겠습니다. "인생은 한 번 뿐이고 그마저도 곧 지나가리라. 주 예수 그리스도를 위해 행한 일만 남으리라."